RECUEIL
DE QUELQUES
LETTRES,
ET AUTRES
PIECES
INTERESSANTES,

POUR SERVIR

à

L'HISTOIRE DE LA PAIX

DE

DRESDE.

Sammlung
einiger
Briefe
und anderer wichtigen Stücke,

welche die Geschichte des

Dreßdenschen Friedens
erläutern.

Im Jahr 1746.

SUI VICTORIA
INDICAT REGEM.

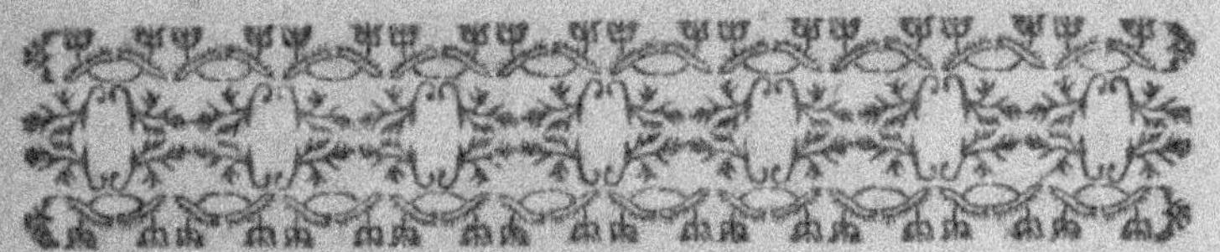

AVERTISSEMENT DU LIBRAIRE.

Le Public ne s'attend pas que je l'instruise ici de la manière dont cet important Recueil est tombé entre mes mains. Il me seroit aisé de lui débiter làdessus quelque fiction Romanesque, de l'ordre de celles dont on orne ordinairement le Frontispice de semblables Ouvrages; mais c'est au fonds ce, qui n'importe en rien au Lecteur. Ce qu'il y a d'essentiel pour lui, c'est qu'on lui garantisse l' autenticité des Piéces, & c'est ce que je puis faire, sans crainte de démenti.

Une consideration, qui m'a tenu quelque tems en balance, c'est la crainte de deplaire aux Puissances, interessées dans les Pieces que *je publie; mais des personnes intelligentes & prudentes, après en avoir fait une Lecture attentive, m'ont rassûré à cet égard. Elles m'ont dit qu'il n'y avoit rien dans toute cette Correspondance que d'infiniment glorieux pour les Personnes qui y ont eu part; que tout le monde verroit avec un vrai plaisir des Ministres, pleins de zèle pour les intérêts de leurs Augustes Maîtres, & des meilleures intentions pour le bien public; avancer de toutes leurs forces le grand Ouvrage d'une Paix si desirée & si nécessaire; que surtout on ne pourroit qu'être ravi d'admiration, en lisant les sentimens genereux & magnanimes d'un Heros, qui, sans s'enfler, comme les hommes ordinaires, des plus brillans succès, ne perd point de vûe le grand but de toutes ses actions, le bonheur de ses peuples, celui même de ses Ennemis.*

De si beaux, de si rares exemples ne sauroient être trop soigneusement transmis à la Postérité; & je me fais un devoir & une gloire d'y contribuer, en procurant l'impression de ce petit, mais precieux Ouvrage.

Vorbericht des Herausgebers.

Das Publicum wird von mir eben wohl nicht verlangen, daß ich ihm eine umständliche Nachricht geben solle, auf was vor Weise mir diese wichtige Sammlung in die Hände gerathen. Es würde mir sonst ganz leicht seyn, dasselbe darüber mit eben dergleichen Romanen-mäßigen Erzehlungen abzuspeisen, als man insgemein dieser Art von Schriften vorzusetzen pflegt. Allein, es kan und wird dem Leser gleich viel seyn, auf was vor Art ich zu diesen Briefen mag gekommen seyn. Gnug, daß man ihm dieselbe nebst denen übrigen Auffsätzen so liefert, als solche wirklich ihren angezeigten Urhebern aus der Feder geflossen. Und hievon kan ich mit völliger Gewißheit die Wahrheit versichern, ohne darüber je zum Lügner zu werden.

Das einzige, was mich anfänglich von Bekanntmachung dieser Sammlung in etwas zurück hielt, war die Furcht, denen hohen Häuptern etwa zu mißfällen, welche die darin enthaltene Briefe und übrigen Stücke persönlich angehen. Allein verschiedene verständige und kluge Leute, welche selbige mit Bedacht durchgelesen, haben mir diese Furcht gänzlich benommen. Nach ihrem Urtheil ist darinn nichts enthalten, welches denen Verfassern nicht zu dem größten Ruhme gereiche; und jedermann, sagten

ten sie mir, würde daraus mit einem wahren Vergnügen Ministers kennen lernen, welche an einem so grossen Werke, als dieser höchsterwünschte und nöthige Friede ist, aus allen Kräften gearbeitet und darbey gezeiget haben, daß sie der treue Eyfer für das Interesse ihrer Herren und die Liebe des allgemeinen Besten mit gleicher Stärke belebe und treibe. Insbesondere aber würde man die erhabenen und nach der Wahrheit grossen Gemüthsempfindungen nicht ohne die tiefsten Rührungen der Bewunderung lesen können, die hier ein Held selbst ausdruckt, welcher, ohne sich nach der Art gemeiner Fürsten durch den Glanz seiner Eroberungen und Siege aufblähen und blenden zu lassen, die Glückseeligkeit seiner Völker und so gar seiner Feinde selbst, als den grossen Endzweck aller seiner Thaten, nie aus den Augen läst.

Dergleichen ausnehmend schöne und seltene Exempel können nie sorgfältig gnug aufbehalten, und der Nachkommenschaft überliefert werden; und eben deswegen habe ich es mir zur Pflicht und zum Ruhm gerechnet, dieses kleine, nach seinem Inhalte aber, grosse und kostbare Werk hiermit durch den Druck öffentlich bekannt zu machen.

RE-

RECUEIL DE QUELQUES LETTRES, ET AUTRES PIECES INTERESSANTES.

I.

LETTRE de Monſieur le Comte de PODEWILS, Miniſtre du Cabinet de Sa Majeſt. le Roi de Pruſſe, à Mr. de VILLIERS, Miniſtre Plénipotentiaire de Sa Majeſt. Britannique à la Cour de Saxe. De Berlin, le 28. Novembre 1745.

MONSIEUR.

C'eſt par un ordre exprès du Roi mon Maître que j'ai l'honneur de vous ecrire celle-ci.

Sa Majeſt. eſt perſuadée que vous êtes pleinement informé, Monſieur, de tous les ſoins infatigables que Sa Majeſté Britannique s'eſt bien voulu donner jusqu'ici pour retablir la Paix en Allemagne, & une bonne harmonie entre le Roi mon Maître, & les Cours de Vienne & de Dreſde, par la Convention concluë & ſignée à Hanover le

26. Août N. St. de l'année curante, entre le Roi mon Maître & Sa Majesté Britannique, & ratifiée de part & d'autre.

Vous ne sauriez ignorer non plus, Monsieur, la moderation que le Roi mon Maître a temoigné immediatement après la signature de cette Convention, puisque, sans attendre que les Cours de Vienne & de Dresde eussent declaré qu'elles la vouloient accepter, Sa Majesté, dans le dessein de montrer ses grands egards & son attention infinie pour Sa Maj. Britannique, a bien voulu suspendre les effets de son juste ressentiment contre l'invasion hostile des Troupes Saxonnes en Silesie, en ordonnant à S. A. Mr. le Prince d'*Anhalt*, dés la Convention d'Hanover nous fut parvenue, de ne point entrer en Saxe, quoiqu'il se trouvât sur le point de le faire avec une Armée bien superieure à celle que la Cour de Dresde lui pouvoit alors opposer.

C'est dans les memes sentimens de moderation, & pour temoigner d'autant plus les dispositions pacifiques du Roi, que Sa Majesté, nonobstant le refus des Cours de Vienne & de Dresde d'acquiscer à un accommodement aussi juste & equitable que celui qui est stipulé dans la Convention d'Hanover, a bien voulu surseoir constamment toutes les hostilités contre la Saxe, auxquelquelles l'invasion de la Silesie l'avoit assez autorisé. Et le Roi, pour convaincre encore plus Sa Majesté Britannique, & toutes les Puissances bien intentionnées, de son desir pour la Paix & le prompt retablissement d'une bonne union & harmonie avec la Cour de Dresde, est allé plus loin, & pour ne plus donner d'ombrage à la Saxe, il a fait retirer la plus grande partie de l'Armée de S. A. le Prince d'*Anhalt* des frontiéres de la Saxe, ayant fait declarer à votre Cour, Monsieur, aussi bien qu'à celle de Russie, qu'il ne tiendroit jamais à Sa Majesté de donner les mains à un prompt accommodement avec Sa Majesté le Roi de Pologne, & d'accepter les bons offices que Sa Majesté l'Impératrice y vouloit employer, de concert avec Sa Majesté Britannique.

Mais comme, malgré toutes ces démarches les plus amiables & les plus pacifiques du Roi mon Maître, la Cour de Dresde, bien loin d'y répondre en aucune façon, avoit pris la funeste resolution d'appeller deux Armées Autrichiennes dans le cœur de la Saxe, pour traverser d'un côté avec leurs forces reunies la Lusace, & penetrer de là non seulement en Silésie, mais aussi dans les anciens Etats hereditaires de S. M., tandis que l'Armée Saxonne, proche de Leipsic, etoit destinée à faire, de concert avec

 le

le Corps de Trouppes Autrichiennes qui est sous les ordres du General Comte de Grüne, une invasion dans le païs de Magdebourg, & même tout droit vers cette Capitale.

Le Roi s'est vû forcé à regret, & bien malgré lui, de prendre les mesures les plus vigoureuses que les Loix divines & humaines permettent, & ordonnent même, pour detruire des desseins si dangereux, & pour ne point attendre dans le cœur de ses Etats des Ennemis acharnés à sa perte, & qui s'avançoient de tous côtés pour l'écraser. C'est dans cette fâcheuse necessité que Sa M. s'est trouvée obligée d'aller au-devant de l' Armée combinée Autrichienne & Saxonne en Lusace, pour lui couper le chemin, & l'empêcher de percer dans le cœur des Etats hereditaires du Roi. La Providence, qui jusqu'ici a donné des marques de sa protection si visibles au Roi contre tant d' Ennemis conjurés contre lui, a bien voulu benir encore cette fois les justes armes de Sa Majest., & Elle a non seulement eu le bonheur de defaire entierement, à son entrée en Lusace, le Corps de Troupes auxiliaires Saxones qui faisoient l' Avant-garde de l'Armee Autrichienne, après avoir fait plus de mille prisonniers, parmi lesquels se trouvent une trentaine d' Officiers avec le General de Buchner, le Colonel Obyrn,

&

& d'autres Officiers de marque, outre quatre pieces de Canon, trois Drapeaux, deux Etendarts & deux paires de Timbales; mais de plus Sa Maj. ayant marché ensuite du côté de Görlitz pour attaquer l' Armée Autrichienne, celle-ci n'a pas trouvé à propos de l' attendre, mais après avoir abandonné son Corps de Troupes auxiliaires Saxonnes, & un grand Magasin à Görlitz, dont nos Troupes se sont emparé, en y faisant encore 200. hommes & plusieurs Officiers du Regiment des Gardes Saxonnes prisonniers, le Prince Charles s' est retiré avec tant de deligence & de desordre vers Zittau & les frontieres de la Boheme, que ses Troupes ont même pillé tous les Villages Saxons où elles avoient cantonnés.

Cependant, & malgré tous ces avantages qui rendent le Roi maître de toute la Haute--Lusace, & qui seront, s' il plait à Dieu, suivis bientôt de plus considerables encore, Sa Majest. est toujours prête à se reconcilier sincerement avec Sa Majest. le Roi de Pologne, à oublier tout le passé, & à retirer incessament toutes ses Troupes des Etats de Saxe, aussitôt qu'il aura plu à ce Prince d' acceder formellement à la Convention d' Hanover, de renvoyer les Troupes Autrichiennes, & de ne leur plus accorder jamais aucun passage par ses Etats pour

fai-

faire la guerre au Roi mon Maître, ni en Silesie, ni dans aucune autre Province de la Domination du Roi.

Sa Majesté, dans les termes où Elle en est avec le Roi votre Auguste Maître, croit pouvoir s'adresser hardiment à un Ministre, aussi eclairé & aussi bien intentionné que vous l'êtes, Monsieur, pour vous prier, ainsi qu'il m'a expressement ordonné de le faire de sa part, de vouloir bien informer, sans perte de tems, de ces sentimens de moderation & de ces dispositions pacifiques S. Exc. Mr. le Comte de Brühl, & même Sa Majest. le Roi de Pologne, & de nous faire savoir au-plûtôt les Resolutions & la Reponse de la Cour, où vous êtes, sur tout cela.

Le Roi m'enjoint expressement de vous dire, Monsieur, que vous pouvez compter sur sa parole, & que vous n'aurez jamais aucun démenti à craindre sur tout ce que je viens de vous mander de la part de Sa Maj. & par ses ordres expres.

Mais vous pouvez bien juger aussi, Monsieur, que le Roi ne sauroit discontinuer de profiter de ses avantages, & de les pousser aussi loin qu'il est possible pour prevenir les dangereux desseins de ses Ennemis, jusqu'à ce qu'il aura plu à la Cour, où vous êtes,

êtes, d'acceder purement & ſimplement à la Convention d'Hanover du 26. du mois d'Août de l'année preſente.

Au reſte, comme juſqu'à preſent on a fait un aſſez mauvais uſage à Dresde de toutes les ouvertures qui ont eté faites de notre côté pour un accommodement, j'ôſe me flatter que vous ne donnerez point de Copie de ma Lettre au Miniſtère de Saxe. Il y aura d'autres moyens pour le raſſûrer ſur la ſincerité & la bonne foi du Roi, ſi l'on eſt diſpoſé, autant que Sa Majeſté l'eſt, à ecouter la voix de la moderation & de la reconciliation.

J'eſpere que vous voudrez bien m'honorér d'une prompte reponſe par l'envoi d'une Eſtafette, & je ſuis charmé que cette occaſion me procure celle de vous aſſûrer de la plus parfaire conſideration avec laquelle j'ai l'honneur d'être, &c.

H. C. de PODEWILS.

Samm=

Sammlung
einiger
höchstwichtigen
Briefe.

I.

Schreiben des Herrn Grafen von Podewils, Etats-und Cabinetsministri Sr. königl. Majestät in Preussen, an den Herrn von Villiers, Sr. königl. Majestät in Großbritannien, bevollmächtigten Ministre an dem Hofe zu Dreßden. De Dato Berlin, den 28. Novembr. 1745.

Mein Herr,

Es geschieht auf ausdrücklichen Befehl meines allergnädigsten Königs, daß ich die Ehre habe, an Dieselbe gegenwärtiges Schreiben ergehen zu lassen.

Jhro Majestät halten sich versichert, daß Sie von denen unermüdeten Bemühungen völlig unterrichtet sind, welche Jhro Majestät der König von Großbritannien bisher haben anwenden wollen, um den Frieden in Deutschland und mit demselben das gute Vernehmen zwischen meines allergnädigsten Königs und Herrn Majestät, und denen Höfen zu Wien und Dreßden durch die am 26. August des ietztlaufenden Jahres zu Hannover, zwischen meines allergnädigsten Königs und des Königs von Großbritannien Majestät Majestät geschlossene und unterzeichnete, auch von beyden hohen Theilen hernach vollenzogene Convention, wieder herzustellen.

Es

Es muß Ihnen, mein Herr, zugleich nicht unbekant seyn, welch eine ganz besondere Mäßigung meines allergädigsten Königs und Herrn Majestät sogleich nach geschehener Unterzeichnung dieser Convention bezeiget haben; indem Dieselbe, um insbesondere Dero grosse Hochachtung und Aufmerksamkeit gegen Ihro königl. großbritannische Majestät zu erkennen zu geben, die Wirkungen Ihrer gerechten Ahndung, in Ansehung des durch die sächßischen Truppen in Schlesien gethanen feindlichen Einfalls haben zurück halten wollen, ohne noch die Erklärungen derer Höfe zu Wien und Dreßden, wegen Annehmung sothaner Convention abzuwarten; wie Sie dann auch zu dem Ende, so bald nur die Nachricht von der geschehenen Unterzeichnung dieser Convention allhier eingelaufen war, des Fürsten von Anhalt Durchlaucht, sofort die Ordre zugesand, mit der wirklichen Einrückung in Sachsen einzuhalten, ohngeachtet der Fürst in Begriff stand, solches mit einer weit überlegeneren Macht ins Werk zu richten, als damals der dreßdnische Hof Ihm entgegen zu stellen, im Stande war.

Ob nun gleich darauf die Höfe zu Wien und Dreßden, einen so gerechten und billigen Vergleich, als in mehr gedachter Convention war verabredet worden, anzunehmen sich weigerten, so haben dennoch meines allergnädigsten Königs und Herrn Majestät, mit beständiger Beybehaltung ihrer Mäßigung, und um Dero friedfertige Neigungen, desto mehr an den Tag zu legen, nichts destoweniger fortgefahren, sich aller Feindseligkeiten gegen die sächßischen Lande zu enthalten, ob sie gleich dazu durch den schlesischen Einfall mehr als zu wohl berechtigt waren. Ihro Majestät, und des Königs von Großbritannien Majestät, und alle andere wohlgesinnte Mächte von dem disseitigen aufrichtigen Verlangen nach dem Frieden, und der baldigen Herstellung der Einigkeit und des guten Vernehmens mit dem sächßischen Hofe, um so mehr zu überzeugen, giengen in Dero Mäßigung noch

wei-

weiter, und liessen sogar, damit dem Hofe zu Dreßden nicht die geringste Beunruhigung übrig bleiben möchte, den grösten Theil, Dero unter des Fürsten von Anhalt Durchlaucht stehenden Armee von denen sächßischen Grenzen zurück ziehen, und darbey zugleich an den königl. großbritannischen und kaiserl. rußischen Höfen die Erklärung thun, wie es niemals an Ihro Majestät liegen solte, zu einem ungesäumten Vergleiche mit des Königs von Pohlen Majestät die Hände zu bieten, und die bona officia anzunehmen, welche Ihro Majestät die Kaiserin in Vereinigung mit Ihro königl. großbritannischen Majestät dazu würden anwenden wollen.

Allein, ohngeachtet aller dieser mäßigungsvollen und friedfertigsten Bezeugungen meines allergnädigsten Königs und Herrn, blieb dennoch der dreßdnische Hof so weit entfernt, gleiches mit gleichen zu vergelten, daß er vielmehr zu der unglückseligen Entschliessung griff, zwey österreichische Armeen, in das Herz der sächßischen Lande zu ziehen, um mit denselben, seine eigene Truppen zu vereinigen, und solchergestalt mit gesammter Macht auf der einen Seite durch die Laußitz nicht allein in Schlesien, sondern sogar in die alten Erblande Ihro Majestät einzudringen; da inzwischen auf der andern Seite, die bey Leipzig stehende sächßische Armee bestimmt war, in Vereinigung mit denen, durch den General von Grün geführten österreichischen Truppen einen Einfall in das Magdeburgische, und sogar gerades Weges auf die Stadt, sothanen Herzogthums zu thun.

Bey so gestalten Sachen hat sich der König, mein allergnädigster Herr, nothwendig gezwungen gesehen, die kräftigsten Maaßregeln zu ergreiffen, welche die menschliche und göttliche Gesetze nicht allein erlauben, sondern auch gebiethen, um so gefährliche Anschläge bey Zeiten zu zernichten, und nicht erst zu warten, bis so erbitterte und auf seinen Untergang ganz erpichte Feinde, die, um ihn gänzlich zu Boden zu stürzen, von allen Seiten her

her in Anmarsch waren, schon wirklich in das Herz seiner Staaten eingedrungen seyn würden. In einer so unangenehmen Exträmität, sahe sich also der König genöthigt, der vereinigten österreichischen und sächßischen Armee bis in die Lausitz entgegen zu gehen, um derselben noch zu rechter Zeit den Weg zu verrennen, und ihr Eindringen in das Herz von Ihro Majestät Erblanden zu verhindern. Die göttliche Vorsehung, welche bisher dem Könige wider so viele, zu seinem Untergang verschworene Feinde ganz sichtbare Merkmale ihrer Beschirmung und Hülfe gegeben, hat dann auch noch vor dießmal die gerechten Waffen Ihro Majestät dergestalt gesegnet, daß bey Dero Einrückung in die Lausitz die sächßischen Hülfsvölker, welche die Vortruppen der österreichischen Armee ausmachten, nicht allein völlig sind geschlagen, und dabey ausser vier eroberten Stücken 3. Fahnen, 2. Standarten und 2. Paar Paucken, annoch über 1000. Mann, worunter 30. Officier mit dem General Buchner, dem Obristen Obyrn und andere Stabsofficierern befindlich, zu Kriegsgefangenen sind gemacht worden; sondern es hat auch die österreichische Armee, als darauf Ihro Majestät, um solche anzugreifen, gegen Görlitz marschirten, nicht vor rathsam erachtet, diesen Angriff zu erwarten, sondern vielmehr, nachdem sie ihr Hülfscorps sächßischer Truppen, nebst einem grossen Magazine zu Görlitz, in Stiche gelassen, sich unter Anführung des Prinzen Karls, mit einer solchen Eilfertigkeit und Unordnung gegen Zittau, und die böhmischen Grenzen zurück gezogen, daß sie bey diesem flüchtigen Zurückmarsche sogar alle sächßische Dörfer, allwo sie cantoniret, rein ausgeplündert; worauf dann des Königs Truppen, sich des grossen Magazins zu Görlitz bemächtigt, und annoch dabey 200. Mann nebst verschiedenen Officiers, des Regiments sächßischer Garde zu Gefangenen gemacht.

Bey allen diesen Vortheilen, die meinen allergnädigsten König und Herrn, Meister von der ganzen Ober-

 lausitz

lausitz machen, und worauf mit göttlicher Hülfe noch weit beträchtlichere Vortheile folgen werden, bleiben Ihro Majestät dennoch ganz bereit, sich mit des Königs von Pohlen Majestät aufrichtig wieder auszusöhnen, alles Vergangene gänzlich zu vergessen, und ihre Truppen aus denen sächsischen Landen alsofort wieder heraus zu ziehen, so bald sich Ihro königl. pohlnische Majestät nur werden gefallen lassen, der hannoverischen Convention förmlich beyzutreten, die österreichischen Truppen zurück zu schicken, und selbigen niemals wieder einigen Durchzug durch ihre Lande zu verstatten, um meinen allergnädigsten König und Herrn, es sey in Schlesien, oder sonst in einer Dero Provinzien zu bekriegen.

Ihro Majestät glauben, daß sie sich auf den Fuß wie sie mit des Königs in Großbritannien Majestät stehen, ohne alles Bedenken an sie, mein Herr, als einen erleuchteten und wohlgesinnten Minister wenden können, um sie zu bitten, wie dann Ihro Majestät solches in Dero Namen zu thun, mir ausdrücklich anbefohlen haben, daß sie von diesen Deroselben Gesinnungen der Mäßigung und friedliebenden Neigungen ohne Zeitverlust des Herrn Grafen von Brühls Excellenz und selbst des Königs von Pohlen Majestät Nachricht geben, und uns darüber die Antwort und Entschliessung dieses Hofes mit dem ehesten melden möchten.

Der König hat mir ausdrücklich befohlen, ihnen, mein Herr, hierbey zu sagen, daß sie auf Ihro Majestät Wort sicher trauen können, ohne in geringsten zu fürchten, daß man sie in Ansehung alles dessen, so ich ihnen im Namen, und auf ausdrücklichen Befehl, meines allergnädigsten Königs Majestät hiermit gemeldet, ie werde stecken lassen.

Hierbey werden Sie aber auch gar leicht urtheilen, mein Herr, wie Ihro Majestät nicht umhin können, sich die erhaltene Vortheile zu Nutz zu machen, und solche, um denen gefährlichen Absichten der Feinde, ferner

ver

vorzubeugen, so lange weiter zu treiben, bis es dem Hofe, an welchem sie, mein Herr, sich befinden, gefallen wird, der unter den 26. August, gegenwärtigen Jahres zu Hannover geschlossenen Convention schlechterdings und ohne die geringste Ausnahme beyzutreten.

Da man übrigens zu Dreßden von allen unsrer Seits gethanen Vergleichseröfnung bisher eben nicht den besten Gebrauch gemacht hat, so hoffe ich mir schmeicheln zu dürfen, daß sie von meinem gegenwärtigen Schreiben, dem sächßischen Ministerio keine Abschrift werden zukommen lassen. Es werden sich schon andre Mittel finden, sothanes Ministerium von der Aufrichtigkeit und der guten Treue, und Glauben meines allergnädigsten Königs, völlig zu versichern, sobald man nur von jener Seite eben so geneigt seyn wird, als es Ihro Majestät disseits sind, der Stimme der Mäßigung und Versöhnlichkeit Gehör zu geben.

Ich hoffe, mein Herr, sie werden mich vermittelst einer Estaffette mit einer ungesäumten Antwort beehren; und ist es mir ein ganz ausnehmendes Vergnügen, daß ich Gelegenheit bekommen, sie der allervollkommensten Hochachtung zu versichern, mit welcher ich die Ehre habe zu seyn rc.

H. Graf von Podewils.

II.

Reponse de Monsieur de Villiers. De Dresde, le 30. Novembre 1745.

Monsieur,

Je reçus hier à dix heures du soir l'honneur de la Lettre de Votre Excellence du 28. du courant. Celui, que S. M. le Roi de Prusse me fait en me choisissant pour l'instrument d'un ouvrage aussi important que celui de couronner ses Victoires par une Paix equitable, m'animera à y travailler conformement aux instructions, que j'ai depuis quelque tems reçues là-dessus du Roi mon Maître, avec autant de zéle que d'impartialité. Je commençai dès le soir meme du 29. à m'acquiter de ce devoir. Je fis rapport du contenu de la Lettre de Votre Excellence à Mr. le Comte de Brühl, qui me promettoit, en montrant une disposition agreable aux Interets des deux Cours, d'en faire autant au Roi son Maître, d'assembler un Conseil d'Etat & de me donner une Reponse aujour d'hui. Son Excellence n'a rien omis; & la Resolution de cette Cour, sur ce que j'ai eu l'honneur de proposer de la part de Sa Maj. Prussienne, porte en substance.

I. Que le Roi de Pologne n'est point eloigné d'acceder a la Convention de Hannover, mais qu'il faut necessairement en communiquer avec la Cour de Vienne, comme la Partie principale; ce qu'on va faire incessamment.

II. Que le Roi de Pologne s'engage de faire sortir les Troupes d'Autriche de son Païs, entrées sur des Lettres requisitoriales, aussi-tôt que S. M. le Roi de Prusse, selon sa propre Declaration, fera retrograder & sortir son Armée de tous les Etats du Roi de Pologne.

III. Que le Roi de Pologne s'engage de ne plus permettre aucun passage aux Troupes d'Autriche dans le but d'attaquer Sa Majest. Prussienne, soit en Silesie, soit dans son Electorat.

Je laisse à la penetration superieure de Votre Excellence de décider si les Engagemens du Roi de Pologne ne paroissent pas d'une nature à l'empêcher, tel que soit son desir de retablir une parfaite harmonie entre les deux Cours, à parler plus cathegoriquement, & encore moins à acceder à la Convention, avant que celle de Vienne, qui devroit être une

une Partie principale contractante, ne l'accepte. Ma sincerité m'oblige à avoüer à V. Exc. que malgré mon envie extrême de meriter la confiance dont un aussi grand Roi, que celui que vous servez, Monsieur, m'honore, je n'ôserois me mêler de cette Commission à l'exclusion de la Maison d'Autriche. Mais les sentimens de S. M. Prussienne sont trop marqués dans la Lettre obligeante & instructive de Votre Excellence, pour n'avoir pas lieu d'esperer que la disposition, que la Cour de Dresde témoigne dans sa Reponse, sera regardée comme un grand acheminement à la Paix si desirée & si necessaire pour sauver tous les Etats des bien-intentionnés de l'Europe.

Votre Excellence peut etre assûrée que je ne donnerai point de Copie de sa Lettre à cette Cour. Ce premier temoignage de son opinion en ma faveur m'est trop flatteur, pour que j'en fasse autre usage que celui que vous voulez bien me prescrire; mon etude sera de paroître digne des ordres que Votre Exc. me donne, & de profiter de toutes les occasions pour faire voir la parfaite consideration avec laquelle j'ai l'honneur d'etre,

MONSIEUR,

De Votre Excellence

Le très humble & tres obeissant Serviteur

Tho. VILLIERS.

II.

Antwortsschreiben des Herrn von Villiers. De Dato Dreßden, den 30. Novembr. 1745.

Mein Herr,

Gestern Abend um 10. Uhr, habe das Schreiben erhalten, womit Ew. Excellenz mich vom 28sten huj. haben

ben beehren wollen. Die besondere Ehre, die des Königs von Preussen Majestät mir widerfahren lassen, mich zu dem so wichtigen Werke, Dero Siege mit einem billigen Frieden zu krönen, als ein Werkzeug zu wählen, soll mich um desto mehr antreiben, denen darüber von meines allergnädigsten Königs und Herrn Majestät, bereits vor einiger Zeit, mir zugesandten Verhaltungsbefehlen gemäß, an sothanen grossen Werke, mit eben so viel Eifer als Unpartheylichkeit zu arbeiten. Ich habe auch noch den Abend des 29sten dieses, schon wirklich den Anfang gemacht, dieser Schuldigkeit nachzuleben. Ich hinterbrachte den Innhalt von Ew. Excellenz Schreiben, so gleich dem Herrn Grafen von Brühl, welcher mit Bezeugung gar guter Neigungen für das Interesse beyder Höfe mir versprach, davon sofort seines allergnädigsten Königs Maj. gleichfals zu benachrichtigen, den Etatsrath zu versammlen, und mir noch heute eine Antwort zu geben. Sr. Excellenz haben auch das alles bewerkstelliget, und ist die Entschliessung dieses Hofes über dasjenige, so ich demselben von wegen des Königs von Preussen Majestät, vorzutragen die Ehre gehabt, wesentlich diese:

I. Daß der König von Pohlen gar nicht entfernt sey, der hannöver. Convention beyzutreten; müsse aber nothwendig mit dem wienerischen Hofe, als der Hauptparthey sich darüber vernehmen, als welches man ungesäumt thun wird.

II. Daß sich der König von Pohlen anheischig macht, die auf vorher ergangene Requisitoriales nach Sachsen gekommene österreich. Truppen aus seinen Landen zu schaffen, so bald des Königs von Preussen Maj., Dero eigenen Erklärung gemäß, die preußische Armee, aus denen sämmtlichen Staaten des Königs von Pohlen zurück ziehen wird.

III. Daß sich der König von Pohlen anheischig macht, denen österreichischen Truppen niemals wieder einigen Durchmarsch zu verstatten, in der Absicht Ihro königl. preußische Majestät, es sey in Schlesien, oder in Dero Churfürstenthum, anzugreiffen.

Ew.

Ew. Excellenz höheren Einsichten, überlasse ich es zur Entscheidung, ob nicht des Königs von Pohlen eingegangene Verbindungen, von einer solchen Beschaffenheit zu seyn scheinen, dadurch sich Jhro Majestät gehindert sehen, (so groß auch ihr Verlangen nach der Wiederherstellung eines völligen guten Vernehmens, zwischen beyden Höfen seyn mag) sich vor diesmal näher heraus zu lassen, insonderheit aber, der hannöverischen Convention beyzutreten, ehe und bevor nicht selbige von dem wienerischen Hofe, als welche ein contrahirender Hauptheil seyn solte, angenommen worden. Meine Aufrichtigkeit verbindet mich, Ew. Excellenz offenherzig zu gestehen, daß ich mich nicht getrauen möchte, mich einer solchen Commißion, mit Ausschliessung des Hauses Oesterreichs zu unterziehen, so eine starke Begierde mich auch sonst treibt, das gnädige Vertrauen einigermaassen zu verdienen, dessen ein so grosser König, als der ist, dem Ew. Excellenz dienen, mich würdigen will. Allein die Gesinnungen Jhro königl. preußische Majestät sind in Ew. Excellenz verbindlichen und unterrichteten Schreiben, viel zu kenntlich ausgedruckt, um nicht darauf die Hofnung zu gründen, daß die Neigung, welche der dreßdensche Hof in seiner Antwort zu erkennen giebt, als eine grosse Wegbahnung zu dem sehnlichst gewünschten, und zur Rettung aller Staaten der Wohlgesinnten in Europa, höchstnöthigen Frieden, werde angesehen werden.

Ew Excellenz können übrigens versichert seyn, daß ich dem hiesigen Hofe, von Dero Schreiben keine Abschrift geben werde, Dieses erste Merkmal Deroselben guten Zutrauens, zu mir ist für mich viel zu schmeichlend, als daß ich davon irgend einen andern Gebrauch machen solte, als Dieselbe mir selbst wollen vorschreiben. Meine Bemühung soll dahin gehen, Ew. Excellenz Befehlen mich würdig zu erzeigen, und alle Gelegenheiten in Acht zu nehmen, um die vollkommene Hochachtung zu erkennen zu geben, mit welcher ich die Ehre habe zu seyn rc.

Th. Villiers.

 III.

III.

Lettre de Mr. de Villiers à S. Maj. le Roi de Prusse. De Dresde, le 30. Novembre 1745.

Sire!

Me trouvant honoré d'une Lettre de Monsieur le Comte de Podewils, Ministre d'Etat de Votre Majesté, par laquelle il me charge, par les gracieux ordres de Votre Maj. de certaines insinuations à faire à cette Cour, tendant au but salutaire du retablissement de la Paix, je n'ai pas manqué de m'en acquiter avec tout l'empressement que l'importance du sujet exige; aussi ai-je la satisfaction de pouvoir assûrer Votre Maj. que les Propositions genereuses, qu'Elle a fait faire à Sa Maj. Polonoise, ont eté reçues avec des sentimens qui y repondent. La reponse qu'on m'a donnée, consiste en ce.

I. Que le Roi de Pologne n'est point eloigné d'acceder à la Convention d'Hannover, mais qu'il faut necessairement en communiquer avec la Cour de Vienne, comme la Partie principale; ce qu'on va faire incessamment.

II. Que le Roi de Pologne s'engage de faire sortir les Troupes d'Autriche de son Païs, entrées sur des Lettres requisitoriales, aussi-tôt que Sa Maj. le Roi de Prusse, selon sa propre Declaration, fera retrograder & sortir son Armée de tous les Etats du Roi de Pologne.

III. Que le Roi de Pologne s'engage de ne plus permettre aucun passage aux Troupes d'Autriche dans le but d'attaquer Sa Maj. Prussienne, soit en Silesie, soit dans son Electorat.

J'en ai incessamment fait part à Son Excellence Mr. le Comte de Podewils, mais pour gagner du tems & pour epargner une plus grande effusion de sang,

sang, je n'ai pas voulu manquer d'en rendre aussi compte à Votre Maj., en lui proposant, par ordre de cette Cour, de faire cesser de part & d'autre toutes les Operations & Exaction Militaires.

Je n'ôse representer à un Prince si eclairé combien un pareil temoignage d'amitié tendra à la consolider. Je me bornerai à obeïr aux ordres de Votre Maj., & à montrer la veneration avec laquelle je prens la liberté de me declarer.

SIRE,

De Votre Majesté

Le plus obéïssant & dévoüe Serviteur.

VILLIERS.

III.

Schreiben des Herrn von Villiers, an des Königs von Preussen Majestät. De Dato Dreßden, den 30. November 1745.

SIRE!

Da Ew. königl. Majestät Etatsministre, der Herr Graf von Podewils, mich mit einem Schreiben beehret, in welchem Derselbe, auf Ew. Majestät gnädigsten Befehl, mir aufgetragen, an dem hiesigen Hofe gewisse Eröffnungen zu thun, welche die Wiederherstellung des Friedens zum heilsamen Zweck haben, so habe ich nicht ermangelt, solches sofort mit demjenigen Eifer zu bewerkstelligen, den die Wichtigkeit der Sache erfordert; wie ich dann auch darbey in so weit die Zufriedenheit haben kan, Ew. Majestät zu versichern, daß der großmüthige Antrag, den Dieselbe an des Königs von Pohlen Majestät haben thun lassen, mit einer damit übereinkommenden Gesinnung ist aufgenommen worden. Die Antwort, so man mir gegeben hat, besteht darinn:

I. Daß der König von Pohlen gar nicht entfernt sey, der hannöverischen Convention beyzutreten; müsse aber nothwendig mit dem wienerischen Hofe, als der Hauptparthey, sich darüber vernehmen, als welches ungesäumt geschehen soll.

II. Daß der König von Pohlen Sich anheischig mache, die auf vorher ergangene Requisitoriales nach Sachsen gekommene österreichische Truppen aus Seinen Landen zu schaffen, so bald des Königs von Preussen Majestät, Dero eigenen Erklärung gemäß, die preußische Armee aus denen sämtlichen Staaten des Königs von Pohlen zurück ziehen werde.

III. Daß sich der König von Pohlen anheischig mache, denen österreichischen Truppen niemals wieder einigen Durchmarsch zu verstatten, in der Absicht Ihro königl. preußische Majestät es sey in Schlesien, oder in Dero Churfürstenthum anzugreiffen.

Ich habe hievon Se. Excellenz, dem Herrn Grafen von Podewils ohne Anstand Nachricht geben; um aber Zeit zu gewinnen, und ein grösseres Blutvergiessen zu erspahren, so habe nicht ermangeln wollen, auch Ew. Majestät davon Bericht abzustatten, worbey ich Denenselben auf Ordre des hiesigen Hofes den Antrag thun soll, alle militarische Operationen und Eintreibungen von beyden Seiten einzustellen.

Ich getraue mich nicht, einem so scharfsehenden Fürsten vorzustellen, wie sehr ein solches Bezeigen der Freundschaft zu derselben völligen Befestigung gereichen werde. Ich will mich bloß einschränken, Ew. Majestät Befehlen zu gehorchen, und die Verehrung zu zeigen, mit welcher ich mich zu erklären die Freyheit nehme als rc.

Villiers.

IV.

IV.

Reponse de S. M. le Roi de Pruſſe à Mr. de Villiers. Du Quartier de Görlitz, le 1. Decembre 1745.

Monsieur.

Je crois que l'Angleterre & toute l'Europe doit etre convaincue de ma moderation. Si le Roi, de Pologne ne m'avoit pas forcé par ces mauvais procedés d'entrer dans ſon Païs, je ne m'y ſerois jamais porté. Mais independamment de tous les avantages que toute l'Europe voit que j'ai ſur mes Ennemis, je ſuis porté à ſouſcrire à un accomodement.

Cependant, ayant trop appris à connoître par l'Experience combien la Cour de Dresde ſe ſert de ſes àvantages, je ne puis faire ceſſer les hoſtilités, ni retirer mes Troupes de ce Païs, avant que le Roi de Pologne n'acquiesce purement & ſimplement à la Convention d'Hannover. Vous pouvez etre perſuadé que j'en attends la nouvelle avec toute l'impatience imaginable, & que du moment que je l'aurai, je prendrai des arrangemens en conſequence. Vous ſentez vous-meme que ce que vous m'ecrivez n'eſt pas ſuffiſant pour arreter les progrés d'une Armée victorieuſe, & que la Cour de Dresde paroît ſe reſerver une porte de derriére, en attendant le conſentement de la Cour de Vienne. Pour peu que je voye plus de ſincerité de leur part, & que vous vouliez, au nom du Roi d'Angleterre, me garantir les ſuites, je ſuis pret a me preter à tous les arrangemens pacifiques, que vous pourrez prendre pour retablir une Paix bien ſolide & bien durable entre nos deux Cours.

Je ne vous demande qu'une reponse cathegorique la-dessus, moyennant laquelle le Roi de Pologne verra que je ne souhaite moi-meme que la conservation de de ses Sujets, & le retablissement d'une amitié durable avec mes Voisins. Il ne dependra que de lui de la cultiver à l'avenir, & d'en retirer plus d'avantage que de celle de ses autres Alliés.

Je vous prie de vous employer avec toute la dexterité, que je vous connois, a finir cette Negociation, qui repond si bien aux intentions du Roi votre Maître, en retablissant la Paix de l' Allemagne, & en appaisant une Guerre entre deux Voisins, qui ne laisseroit pas que d'etre ruineuse & funeste aux deux Parties belligerantes.

Vous pouvez compter que de votre Negociation dependra le sort de la Saxe.

Je suis avec des sentimens d'estime,

MONSIEUR.

Votre bien affectionné

FREDERIC.

P. S. Je suis dans l'intention de faire la Paix selon la Convention d'Hannover. J'ai chassé les Autrichiens de la Saxe; ainsi il ne s'agit plus de les renvoyer. Mais que le Roi de Pologne se declare, sous la garantie de l'Angleterre, d'accepter cette Convention, ou avec la Cour de Vienne, ou separement, alors les hostilités cesseront. Vous sentez bien que je veux des sûretés, & que ce que je demande est conforme à la justice & au bon sens, & je veux agir à jeu sûr.

IV.

IV.

Antwortschreiben Ihro Majestät des Königs von Preussen an den Herrn von Williers, de dato Hauptquartier zu Görlitz den 1ten Decembr. 1745.

MONSIEUR.

Ich glaube, daß Engelland und ganz Europa von meiner Mäßigung überzeugt seyn müssen. Hätte mich der König von Pohlen, durch sein übles Betragen, in sein Land einzurücken, nicht gezwungen, so würde ich nie dazu geschritten seyn. Allein alle Vortheile ungerechnet, die Ich, wie ganz Europa sehen kan, über meine Feinde habe, bin ich dennoch geneigt, einen Vergleich einzugehen.

Inzwischen aber, und da ich durch die Erfahrung nur gar zu wol bin belehret worden, wie sehr der dreßnische Hof sich seiner Vortheile zu bedienen wisse, kan ich weder die Feindseligkeiten einstellen lassen, noch meine Truppen aus diesem Lande zurück ziehen, ehe und bevor nicht der König von Pohlen die hannöverische Convention schlechthin und ohne Ausnahme genehm hält. Sie können versichert seyn, daß ich die Nachricht hievon mit aller nur ersinnlichen Ungeduld erwarte, und von dem Augenblicke an, da ich solche werde erhalten, auch dem zu folge meine Einrichtungen machen werde. Sie begreiffen selbst wohl, daß dasjenige, so Sie mir schreiben, nicht hinlänglich sey, die Progressen einer siegenden Armee aufzuhalten, und daß der dreßnische Hof mit seiner Wartung auf die Einwilligung des Hofes zu Wien, sich nur eine Hinterthür offen behalten wolle. Sehe ich nur im geringsten von jener Seite mehr Aufrichtigkeit, und Sie wollen mir im Nahmen des Königs von Engelland, wegen der Folgen Sicherheit geben, so bin ich bereit, allen friedlichen Einrichtungen beyzutreten, die Sie werden machen können, um einen festen und dauerhaften Frieden zwischen unsern beyden Höfen wieder herzustellen.

Ich verlange von Ihnen hierüber weiter nichts als eine ausdrücklich klare Antwort, worauf sodann der König von Pohlen sehen soll, daß Ich selbst nichts als die Erhaltung seiner Unterthanen, und die Wiederherstellung einer dauerhaften Freundschaft mit meinen Nachbarn wünsche. Es wird bloß bey Ihm stehen, diese Freundschaft ins künftige zu unterhalten, und davon mehr Vortheile zu ziehen, als von der, mit seinen anderen Bundesgenossen.

Ich ersuche Sie, mit ihrer mir bekannten besonderen Geschicklichkeit dieses Geschäft zu Stande zu bringen, welches mit der Absicht ihres Königs sowol übereinkommt, den Frieden in Deutschland wieder herzustellen, und zwischen zweyen Nachbarn einen Krieg zu endigen, welcher beyden kriegenden Theilen nicht anders als zum Verderben und äusersten Unheil gereichen kan.

Sie können versichert seyn, daß von Ihrer Besorgung dieses Geschäfts das Schicksal von Sachsen abhangen werde.

Ich bin mit Gesinnungen von Achtung,

MONSIEUR,

Ihr wohlgewogener

Friedrich.

P. S. Ich bin gesinnt, den Frieden nach Maaßgebung der hannöverischen Convention zu machen. Die Oesterreicher habe ich bereits aus Sachsen heraus gejagt, und kommt es also nun nicht mehr darauf an, selbige noch erst zurück zu schicken. Der König von Pohlen darf sich aber nur, unter Sicherheitsstellungen von Engelland, erklären, gedachte Convention mit oder ohne den wienerischen Hof anzunehmen, und sodann sollen die Feindseligkeiten aufhören. Sie begreiffen wohl, daß ich Sicherheit haben wolle, und dasjenige, so ich verlange, der Gerechtigkeit und der gesunden Vernunft gemäß sey. Und ich will meiner Sache gewiß seyn.

V.

V.

Lettre de Mr. de Villiers a Sa Maj. le Roi de Prusse. De Dresde, le 4. Decembre 1745.

Sire,

Je reçus le 8. du courant les ordres de Votre Maj. du 1. & pour m'y conformer, sans perte de tems, je priai les Ministres d'Etat, chargées du soin de ce Gouvernement pendant l'absence de leur Souverain, de s'assembler.

Je leur fis rapport des Declarations de Votre Maj. touchant le retablissement d'une parfaite harmonie entre les deux Cours, & dans cet instant je reçois de leur part la Declaration ci-jointe. J'ôse avancer, Sire, que j'ai fait tout ce qui a dependu de moi pour qu'elle fût conforme aux desirs que Votre Maj. a daigné me marquer, non seulement pour le retablissement d'une amitié solide entre les deux Cours; mais aussi pour remettre la tranquillité en Allemagne, & que l'intention de cette Cour repond parfaitement à ces principes.

Il faut que j'avoüe à Votre Maj. que je ne suis autorisé de garantir formellement cette Declaration au nom du Roi mon Maître, n'ayant des Instructions que de m'exercer avec toute l'activité possible pour exhorter cette Cour à consentir elle-meme à la Convention signée à Hanover le 26. d'Août N. St. 1745. & à persuader celle de Vienne de l'accepter.

Je ne saurois les outrepasser, mais je peus declarer que le Roi mon Maître n'a rien plus à cœur que de voir l'accomplissement de cette Convention.

Je peus aussi ajouter que je suis convaincu que le Roi de Pologne est sincerement intentionné d'y acceder purement & simplement, & de vi-

vivre dans une parfaite amitié avec Votre Majest. Si c'est trop presumer que d'offrir mes sentimens, je peche par trop de zèle.

Je sens que je ne saurois mieux montrer que par le silence la veneration avec laquelle je suis,

SIRE,

De Votre Majesté.

VILLIERS.

V.

Schreiben des Herrn von Villiers an Ihro Majestät den König von Preussen. De dato Dreßden den 4. Decembr. 1745.

SIRE!

Ew. Majestät Befehle vom 1sten dieses habe ich am 2. erhalten, und solchen gemäß, ohne Zeitverlust die Etatsministres, denen in Abwesenheit Ihres Herrn die Besorgung der hiesigen Regierungsgeschäfte aufgetragen ist, sich zu versammlen gebeten.

Ich stattete denenselben von Ew. Majestät gethanen Erklärungen, betreffend die Wiederherstellung eines vollkommenen guten Vernehmens zwischen beyden Höfen, Bericht ab, und eben diesen Augenblick erhalte ich von ihnen die hierbey liegende Erklärung. Sire! Ich darf kühnlich sagen, daß ich alles, was in meinen Kräften gestanden, angewendet habe, damit diese Erklärung dem Verlangen gemäß seyn möge, so Ew. Majestät mir zu bezeigen geruhet, nicht allein eine feste Freundschaft zwischen beyden Höfen, sondern auch die Ruhe in ganz Deutschland wieder herzustellen; wie denn auch die Gesinnung dieses Hofes mit diesen Absichten vollkommen übereinkommt.

Hierbey aber muß ich, Ew. Majestät gestehen, daß ich nicht bemächtigt sey, diese Erklärung im Nahmen des Königs meines Herrn förmlich zu garantiren, indem mei-

meine Verhaltungsbefehle bloß dahin gehen, daß ich auf alle nur mögliche Weise geschäftig seyn solle, diesem Hofe anzuliegen, die unter den 26ten August 1745. zu Hanover gezeichnete Convention selbst zu genehmigen, und zu deren Annehmung den wienerischen Hof zu bewegen.

Diese meine Verhaltungsbefehle darf ich nicht überschreiten; das aber kan ich bezeugen, und darüber die Erklärung thun, daß dem Könige meinem Herrn nichts so sehr, als die Erfüllung dieser Convention, am Herzen liege.

Hierzu kann ich noch fügen, wie ich für mich überzeugt sey, daß der König von Pohlen aufrichtig geneigt sey, derselben schlechthin und ohne Ausnahme beyzutreten, und mit Ew. Majestät in einer vollkommenen Freundschaft zu leben. Uebernehme ich zu viel, daß ich meine eigene Meynung zur Sicherheit stelle, so sündige ich aus gar zu grossem Eyfer.

Ich erkenne wol, daß ich nicht besser als mit Schweigen die Verehrung zeigen könne, mit welcher ich bin

SIRE,

Ew. Majestät.

VILLIERS.

VI.

DECLARATION du Ministere de Dresde, donnée à Mr. de VILLIERS. Du 3. Decembre 1745.

Nous soussignés Ministres d'Etat de Sa Maj. le Roi de Pologne sommes très obligés à Mr. l'Envoye d'Angleterre de la communication de la Declaration ulterieure de Sa Maj. Prussienne, concernant la reconciliation proposée par Mr. le Comte de Podewils.

Nous regrettons cependant en même tems beaucoup de ce que les trois points, enoncés dans la première Declaration donnée d'ici à Mr. l'Envoyé, n'ont point eté aussi bien reçus qu'on l'avoit esperé. Mais pour lever au possible tout doute, nous ne balançons pas un moment, dans

dans l'absence du Roi notre Maître, de declarer en son nom que Sa Maj. est non seulement disposée, mais prête à retablir la bonne harmonie entre Elle & Sa Maj. Prussienne sur le pied de la Convention arrêtée à Hanover le $\frac{15}{20}$ d'Août de l'année courante 1745.

En échange de quoi, Elle se promet de la part de Sa Maj. Prussienne, suivant sa Declaration deja faite, qu'Elle fera cesser dès à present toute hostilité & poursuite de marche, qu'Elle n'exigera plus aucune livraison, ou contribution nouvelle ou ancienne, & bonifiera toutes celles qui pourroient deja avoir eté levées; qu'Elle retirera aussi dès à present toutes ses Troupes des Etats du Roi, & ne les y arrêtera sous quelque pretexte que ce soit; qu'Elle evacuera tous les Forts & Places, & les rendra dans l'etat qu'elles etoient avant leur occupation; qu'Elle relâchera & fera restituer toutes les Caisses saisies, soit Royales ou particulieres; qu'Elle ne permettra pas qu'aucun tort soit fait dans la retraite, ni aux personnes qui sont au service du Roi, ni aux Vassaux, ni à aucun Sujet, soit en leurs personnes, soit en leurs biens, & qu'Elle relâchera enfin sans rançon tous les prisonniers faits sur les Troupes du Roi. Ecrit à Dresde, ce 3. Decembre 1745.

Signè.

Comte de GERSDORF. Comte de ZECH.
Comte de HENNICKE. Comte de REX.

VI.

Erklärung des dreßdenschen Ministerii, an den Herrn von Villiers. De Dato, den 3ten Decembr. 1745.

Wir unterschriebene Staatsministri, Jhro Majestät des Königs von Pohlen, sind dem Herrn engelländischen Gesanden gar sehr verbunden, vor die Mittheilung der ferneren Erklärung Jhro königl. preußische Majestät, betreffend die durch den Herrn Grafen von Podewils vorgeschlagene Aussöhnung.

Wir

Wir bedauren inzwischen hierbey sehr, daß die in der dem Herrn Gesanden, von hier zugestellten ersten Erklärung ausgedruckte drey Punkte, nicht so wol sind aufgenommen worden, als man es gehofft hatte. Um nun aber allen Zweifel zu heben, so stehen wir, in Abwesenheit des Königs unseres allergnädigsten Herrn, nicht einen Augenblick an, in Ihro Majestät Nahmen zu erklären, daß Dieselbe nicht allein geneigt, sondern auch bereit seyn, das gute Vernehmen zwischen sich und des Königs von Preussen Majestät auf den Fuß der zu Hannover unter den 26. Aug. 1745. geschlossenen Convention wieder herzustellen.

Dahingegen sich Ihro Maj. von Seiten des Königs von Preussen Majest. versprechen, daß Dieselbe nach der bereits gethanen Erklärung, von jetzt an alle Feindseligkeiten und weitere Einrückung dero Truppen einstellen lassen, keine Lieferungen oder Brandschatzungen es sey neue oder alte weiter fordern, und diejenigen, so etwa schon gehoben seyn möchten, wieder gut thun werden; ingleichen daß Dieselbe vor jetzt an alle dero Truppen aus des Königs Landen heraus ziehen, ohne solche darinn, unter was vor einem Vorwand es seyn möge, verweilen zu lassen; daß Dieselbe alle Vestungen und Plätze in eben dem Stande als solche von ihrer Einnahme gewesen, wieder einräumen; alle beschlagene es seyen königliche oder Privatcassen wieder frey geben und ersetzen; der Armee im Zurückzuge, weder denen königlichen Bedienten, noch Vasallen, noch jemanden der Unterthanen, es sey an ihren Personen oder Gütern einigen Schaden zuzufügen nicht erlauben, und endlich alle gemachte Kriegesgefangene von des Königs Truppen ohne Ranzion wieder loßgeben werden. Geschrieben Dreßden den 3ten Decembr. 1745.

Graf von Gersdorf.
Graf von Zech.
Graf von Hennicke.
Graf von Rex.

VII.

Reponse de Sa Maj. le Roi de Prusse à la Lettre precedente de Mr. de Villiers. Du Quartier-General de Bautzen, le 5. Decembre 1745.

Monsieur,

Je ne sais qui, de moi ou des Saxons, vous sera le plus obligé du retablissement de la Paix. Le mal que je fais à mes Voisins, se fait très à contre-coeur. Je suis forcé d'en venir à cette extremite, mais je procure en même tems toutes les facilités, qui dependent de moi, au Roi de Pologne pour sortir d'embarras.

Il sera donc necessaire, pour mettre radicalement fin à cette funeste Guerre, que le Roi de Pologne expedie incessamment des pleins pouvoirs à un de ses Ministres, pour lequel je vous envoye le Passeport ci-joint.

J'ai expedié mes ordres à mon Ministre du Cabinet, le Comte de Podewils, de se rendre incessamment ici; apres quoi, l'on pourra dresser la Convention convenablement, & dès qu'elle sera ratifié du Roi de Pologne, j'evacuerai son Païs, ses Forteresses, &c. & ferai cesser les hostilites.

Quant à l'article de la cessation des contributions, & de l'indemnisation du dommage fait, les contributions ne peuvent cesser qu'après que le Roi de Pologne aura ratifié les Preliminaires dresses par nos Ministres. Et je peus aussi peu indemniser le Roi de Pologne des dommages de ses Sujets, que lui & la Reine de Hongrie m'indemniseront de ceux qu'ils m'on faits, & font encore actuellement en Silesie.

Vous me ferez plaisir, Monsieur, d'accompagner le Ministre Saxon, chargé des pleins-pouvoirs de son Maître. Cela me procurera la satisfaction de voir un homme que j'estime beaucoup, & qui, rempli des veritables sentimens qu'un Ministre doit avoir, procure la paix & la tranquillité aux Nations, en eteignant le flambeau de la Discorde & de la Guerre.

Je

Je crois de plus que vous n'aurez point de tems à perdre, pour être muni de votre Cour des pleins-pouvoirs dont vous avez besoin pour la garantie de la Grande-Bretagne, & de faire que Mr. de Bestucheff, & le Ministre de Hollande agissent en consequence.

Je regarde cette Paix-ci comme la base de la Pacification de l'Allemagne. Ou la Reine de Hongrie y accedera d'abord, ou Elle ne tardera pas de le faire.

J'ai appris d'ailleurs avec douleur que le Roi de Pologne a quitté sa Capitale. C'est un affront qu'il fait à ma façon de penser. Je l'ai toujours estimé personnellement, & dans le plus grand acharnement de la Guerre on auroit respecté son Caractere & sa Famille. Vous pouvez assûrer ce Prince *de la cordialité & de la sincerité de mes sentimens, & qu'il ne tiendra qu'à lui que desormais les deux Cours vivent dans la plus etroite amitié. Je vous prie d'être assûré des sentimens d'estime avec lesquels &c.*

FREDERIC.

VII.

Antwort Ihro Majestät des Königs von Preussen auf das vorstehende Schreiben des Herrn Villiers. De Dato Hauptquartier zu Bautzen den 5ten Decembr. 1745.

MONSIEUR,

Ich weiß nicht, wer von beyden, Ich oder die Sachsen, Ihnen wegen Herstellung des Friedens am meisten werde zu danken haben. Daß ich meinen Nachbarn Wehe thue, geschicht mit meinem größten Widerwillen. Ich bin gezwungen, es so weit kommen zu lassen; mache es aber auch zu gleicher Zeit, dem Könige von Pohlen, so viel an mir liegt, auf alle Weise leicht, aus dieser Verlegenheit heraus zu kommen.

Um also diesem unglückseeligen Kriege von Grunde aus ein Ende zu machen, so wird nöthig seyn, daß der König von Pohlen mit dem fordersamsten einen seiner Ministres, für welchen ich einen Paß hierbey lege, zu diesem Werke bevollmächtige.

Ich habe meinem Cabinetministre, dem Grafen von Podewils, meinen Befehl zugefertigt, sich ungesäumt hieher zu begeben, worauf man sodann den Vergleich gehörig wird abfassen können; und so bald nur selbiger von dem Könige von Pohlen wird vollenzogen seyn, alsobald werde ich meine Truppen aus seinem Lande ziehen, seine Vestungen räumen ꝛc. und die Feindseeligkeiten einstellen lassen.

Betreffend die Aufhörung der Brandschatzungen und die Ersetzung des verursachten Schadens, so können die ersteren nicht eher aufhören, als bis der König von Pohlen die von unseren Ministern abgefaßte Präliminarien wird vollenzogen haben. Und wegen des erlittenen Verlusts seiner Unterthanen kann ich denselben eben so wenig schadloß stellen, als er und die Königin von Ungarn, wegen des Schadens, so sie mir in Schlesien gethan haben, und noch wirklich thun, mich schadloß stellen werde.

Es wird mir zum Vergnügen gereichen, Monsieur, wann sie den mit der Vollmacht seines Herrn versehenen sächsischen Ministre begleiten werden. Solches wird mir die Zufriedenheit verschaffen, einen Mann zu sehen, für den ich viel Achtung habe, und welcher voller wahren Gesinnung die ein Minister haben muß, durch Auslöschung der Uneinigkeits- und Kriegsfackel, denen Völkern den Frieden und die Ruhe wieder zuwege bringt.

Ich glaube darnächst, daß sie keine Zeit zu verliehren haben, um wegen der Garantie von Großbritannien mit denen nöthigen Vollmachten versehen zu werden, und dahin zu sehen, daß der Herr von Bestucheff und der holländische Minister dem zu Folge ein gleiches thun.

Ich sehe diesen Frieden als den Grund zur Friedensherstellung in Deutschland an. Entweder die Königin von Ungarn wird demselben sofort beytreten, oder es zu thun nicht verweilen.

Ich

Ich habe übrigens mit Schmerzen erfahren müssen, daß der König von Pohlen seine Hauptstadt verlassen habe. Es ist dieß ein Schimpf, den er meiner Art zu denken anthut. Ich habe ihn jederzeit persönlich hoch gehalten, und auch in der größten Erbitterung des Krieges würde man für seinen Stand und seine Familie die gehörige Ehrerbietung nicht aus den Augen gesetzt haben. Sie können diesen Fürsten versichern, daß diese Gesinnung bey mir aufrichtig sey und von Herzen komme, und es bloß bey ihm stehe, daß inskünftige unsere beyden Höfe in der allergenauesten Freundschaft leben. Ich bitte sie, von der Gesinnung von Achtung versichert zu seyn, mit welcher 2c.

Friedrich.

VIII.

Lettre de Mr. de Villiers à S. Maj. le Roi de Prusse. De Prague, le 9. Decembre 1745.

Sire.

Pour executer moins mal les ordres de V. M. je me suis rendu auprès du Roi de Pologne. C'est pourquoi je n'ai reçu qu'hier ceux dont V. M. m'honore du 5 du courant. Je les ai communiqués sur le champ au C. de Brühl, & pour mieux convaincre S. M. Polon, des sentimens de V. M. à son egard, j'ai meme pris la liberté de lui donner un Extrait de la Lettre de V. M. croyant que ses expressions d'amitie auroient trop perdu par un rapport de ma part. Si en cela j'ai surpasse ses intentions, ce n'est qu'en les voulant mieux accomplir. Il suffit que je les sache, pour les observer religieusement. Le C. de Brühl, vient de me donner pour reponse le Memoire cijoint (*). V. M. a montré tant d'empressement à retablir la tranquillité en Allemagne, Elle entend si bien ses interets, & Elle voit si clairement toutes les circonstances qui y ont rapport, qu'il ne m'est

 pas

(*) Voyez l'Article suivant.

pas permis d'alleguer mes raisons la-dessus. J'ôse seulement repeter que cette Cour souhaite ardemment le retablissement de la bonne harmonie avec celle de V.M. & de parvenir au but general que V. M. se propose. Il est donc à esperer qu'etant d'accord sur les principes, on le sera sur les moyens, & que le petit retardement dans l'envoi d'un Ministre n'en causera presque aucun dans l'avancement de l'Ouvrage, quoique le moindre delai ne sauroit qu'affliger ceux qui souhaitent veritablement le Bien.

Mon esperance est dans la grandeur d'Ame de V. M. Sa moderation ne lui fera pas moins de gloire que ses Victoires. Je dis peut-être trop, quoique je supprime plus que je ne dis. Je ne saurois exprimer l'impatience que j'ai de faire ma Cour à V.M. & de meriter ce qu'Elle a bien voulu dire sur mon sujet. J'espere qu'elle paroîtra par mon zèle pour son service, & par la devotion avec laquelle suis,

SIRE,

De V. M.

&c. &c.

VILLIERS.

P. S. *Je n'ai pas manqué de marquer à ma Cour ce que V. M. m'a fait l'honneur de me dire touchant la garantie de la Grande-Bretagne. Je suivrai avec la même exactitude les ordres de V. M. par rapport à Mr. de Bestucheff, & au Ministre de Hollande.*

VIII.

Schreiben des Herrn von Villiers an Ihro Majestät den König von Preussen. De Dato Prag, den 21. December 1745.

SIRE!

Um Ew. Majestät Befehle desto besser auszurichten, habe ich mich zu dem Könige von Pohlen hieher begeben, und

und eben deshalb deroselben letztern Befehle, womit dieselbe mich vom 5ten dieses beehret haben, erst gestern erhalten können. Ich habe selbige sofort den Grafen von Brühl wissen lassen, und um Ihro königliche polnische Majestät desto besser von Ew. Majestät gegen Dieselbe hegenden Gesinnung zu überzeugen, so habe ich mir so gar die Freyheit genommen, Ihm einen Auszug aus Ew. Majestät Schreiben zu geben, indem ich dafür gehalten, daß Deroselben freundschaftlichen Ausdrücke durch einen blossen Bericht gar zu viel verliehren würden. Habe ich hierinn Ew. Majestät Absichten überschritten, so habe ich es gethan, um solche desto besser erfüllen zu wollen. Ich darf selbige nur wissen, um sie heiliglich zu beobachten. Der Graf von Brühl hat mir eben jetzt beyliegendes pro Memoria (*) als eine Antwort gegeben. Ew. Majest. haben ein so dringendes Verlangen, die Ruhe in Deutschland wieder herzustellen, gezeiget, Ew. Majestät habe eine so grosse Einsicht in Deroselben Angelegenheiten, und Dieselben sehen alle damit übereinkommende Umstände so klar, daß mir es nicht erlaubt ist, meine wenigen Gründe darüber anzuführen. Nur erkühne mich hierbey zu wiederholen, wie dieser Hof das gute Vernehmen mit Ew. Majestät wieder herzustellen und also zu den Hauptzwecke, den Ew. Majestät sich vorgesetzt, zu gelangen sehnlich wünsche. Es steht also zu hoffen, daß man in der Hauptabsicht einig ist, man es auch der Mittel wegen werden, und die kleine Verzögerung in Absendung eines Ministers die Beförderung des Werks selbst fast gar nicht aufhalten werde, ohngeachtet freylich auch nur der geringste Aufschub diejenigen, die das Gute wahrhaftig wunschen, nicht anders als innigst betrüben kan.

Meine Hofnung beruht auf Ew Majestät grossen Seele. Deroselben Mäßigung wird Dero Ruhm nicht weniger erhöhen, als Dero Siege. Vielleicht sage ich zu viel, ob ich schon mehr unterdrücke, als ich sage. Ich kan nicht gnug ausdrucken, mit was vor einer Ungeduld mich nach der Ehre verlangt, Ew. Majestät aufzuwarten. Ich hoffe

(*) Siehe den folgenden Artickel.

solche werde an meinen Eyfer für Deroselben Dienste und an ver Verehrung erkannt werden, mit welcher ich bin

SIRE,

Ew. Majestät

VILLIERS.

P. S. Ich habe nicht unterlassen, an meinen Hof dasjenige zu melden, was Ew. Majestät, wegen der Garantie von Großbritannien mir aufzutragen die Ehre gethan, wie ich dann auch Ew. Majestät Befehle in Ansehung des Herrn von Bestucheff und des holländischen Ministers eben so genau befolgen werde.

IX.

MEMOIRE de la Cour de Dresde, dont il est fait mention dans la Lettre precedente; signé à Prague, le 9. Decembre 1745.

Sur ce que Mr. l' Envoyé d'Angleterre a communiqué de la Reponse reçue de S. M. Prussienne, & dont Rapport a été fait au Roi de Pologne; S. M. a ordonné de faire connoître au dit Ministre Britannique qu'Elle avoit esperé, apres avoir de son côté apporté tant de facilités pour le retablissement d'un accommodement & de la bonne harmonie avec S. M. Prussienne, en se declarant prête d' acceder à la Convention d' Hannover, que ledit Roi ne refuseroit pas d'accepter les conditions ajoutées à cette Declaration amiable; c' est-à-dire, la cessation des hostilités, l' exaction des contributions demandées, & la restitution de celles qui ont déja eté levées.

Ce refus ne sauroit qu' etre qu'autant plus sensible à S. M. Pol. puisqu'il fait entrevoir la ruine de son Païs, vû sur-tout la rigueur avec laquelle on presse le payement des contributions exigées, sans parler du monde qu'on enleve par force, des recrues qu'on exige du Païs, & des autres molestations sans nombre qu'on exerce, malgré l' union des Electeurs, des Pactes de Famille qui subsistent entre les deux Maisons, & contre toutes les Loix de l'Empire. S. M.

S. M. Pol. ne demande pas mieux que de fe reconcilier fincerement avec S. M. Pruff. & Elle fouhaiteroit que cela pût fe faire conjointement avec S. M. l'Imperatrice. Le moyen d'y parvenir n'eft pas, fi l'on veut au preallable ruiner la Saxe d'une façon que de longues années elle ne pourra s'en relever.

C'eft pouffer les chofes tellement à bout, que ruine pour ruine, S. M. Pol. n'a pas befoin d' entrer dans un tel accommodement, devant en ce cas plûtôt facrifier jusqu'au dernier homme, & attendre à s'en dedommager dans la fuite par le fecours de fes Alliés & de tout l' Empire.

D' ailleurs, fi S. M. Pruff. connoît la fource de cette Guerre, auroit voulu, ou voudroit encore entrer dans les juftes defirs de S. M. Pol. l' envoi d' un Miniftre, muni des pleins-pouvoirs neceffaires pour arreter l' accommodement entre les deux Cours, n'auroit pas fouffert la moindre difficulté ; & le Roi eft tout pret d'en expedier un, auffi-tôt que S. M. Pruffienne voudra fe declarer plus favorablement fur les points ci-deffus mentionnés, & donner inceffament les ordres neceffaires pour menager le Paix.

Le Roi eft du refte fort fenfible aux fentimens d'eftime que S. M. Pruff. protefte lui porter. Il y repondra toujours parfaitement, & n' oubliera fur-tout jamais les égards dûs à tout Souverain, & plus encore aux Tetes couronnées.

Auffi S. M. qui juge des autres Souverains par Ellememe, n' auroit-Elle jamais quitté fa Capitale & fon Païs pour fe refugier ici, fi Elle n'avoit pas craint qu' on n'auroit pas plus de menagement dans une Guerre ouverte, qu'on en a eu dans les Ecrits qui l'ont precedée.

D' ailleurs, Elle repond à la politeffe de S. M. par toute la reconnoiffance poffible, & ne manquera pas, apres la reiteration de ces dignes fentimens pour la fûreté de fa Capitale, d'y retourner.

Re-

Requerant ainsi Mr. l'Envoyé d'Angleterre de faire part du contenu de ce Memoire à S. M. Prussienne, on preparera éventuellement tout, pour l' expedition d' un Ministre dans l' attente d' une Reponse favorable. Fait à Prague, ce 9. Decembre 1745.

IX.

Pro Memoria des dreßdenschen Hofes, davon in dem vorhergehenden Schreiben Meldung geschehen. Gezeichnet Prag den 9ten Decembr. 1745.

Auf dasjenige, so der Herr engelländische Gesande, aus der von des Königs von Preussen Majestät erhaltenen Antwort mitgetheilet hat, und wovon dem Könige von Pohlen Bericht ist abgestattet worden, haben Jhro Majestät befohlen, gedachten großbritannischen Ministre zu erkennen zu geben, wie Jhro Majestät gehoffet hätten, nachdem Dieselbe zu einem Vergleiche, und der Wiederherstellung des guten Vernehmens mit des Königs von Preussen Majestät, sich so bereit und leicht finden lassen, daß besagter König die Annehmung derer, dieser gütlichen Erklärung beygefügten Bedingungen nicht würde verweigert haben; nämlich die Einstellung der Feindseligkeiten, die Eintreibung der geforderten Brandschatzungen, und die Erstattung derer bereits gehobenen.

Diese Verweigerung muß Jhro königl. pohln. Majest. um so mehr empfindlich fallen, als daraus die Ruinirung Jhres Landes hervorblickt, zumal in Betracht der Schärfe, mit welcher die geforderten Brandschatzungen eingetrieben werden, ohne noch von der gewaltsamen Wegnehmung der Leute, denen von dem Lande geforderten Recruten, und andern unzählichen Beschwerungen, so man ausübet, zu reden, ohngeachtet dem allen, das Verein der Churfürsten, die zwischen beyden Häusern vorhandene Familienverträge, und noch dazu alle Reichsgesetze entgegen stehen.

Jhro königl. pohln. Majestät verlangen selbst nichts mehr, als sich mit des Königs von Preussen Majestät aufrichtig auszusöhnen, und wünschten, daß solches zugleich mit

mit Ihro Majestät der Kaiserin geschehen möchte. Das Mittel hierzu zu gelangen, ist wol nicht, wenn man Sachsen vorgängig auf eine Weise ruiniren will, daß es sich in vielen Jahren nicht wieder werde erholen können.

Dadurch werden die Sachen dergestalt auf das äuserste getrieben, daß Ihro königl. pohlnische Majestät, Ruin vor Ruin, nicht nöthig haben, einen solchen Vergleich einzugehen, sondern lieber in diesem Fall alles bis auf den letzten Mann daran setzen, und sodann warten müssen, wie sie sich mit Hülfe ihrer Bundesgenossen und des ganzen Reichs ihres Schadens wieder erholen können.

Wann hiernächst Ihro königl. preußische Majestät, denen die Quelle dieses Krieges bekannt ist, dem gerechten Verlangen Ihro königl. pohlnischen Majestät hätten wollen Gehör geben, oder es auch noch thun wollten, so würde die Absendung eines, zu Schliessung des Vergleichs zwischen beyden Höfen, mit der nöthigen Vollmacht versehenen Ministers nicht die geringste Schwierigkeit gehabt haben; wie denn auch der König ganz bereit ist, einen dergleichen bevollmächtigten abzuschicken, so bald nur des Königs von Preussen Majestät, sich über die oberwehnten Punkte günstiger erklären, und ungesäumt die zur Schonung des Landes nöthigen Befehle werden wollen ergehen lassen.

Der König ist übrigens, gegen die Gesinnungen der Achtung, welche des Königs von Preussen Majestät, für ihn zu hegen versichern, nichts weniger als unempfindlich. Ihro Majestät werden ieder Zeit dahin trachten, gleiches mit gleichen vollkommen zu vergelten, und insbesondre die iedem Souverain, am meisten aber einen gekrönten Haupte, schuldige Achtung nie vergessen.

Es würden auch Ihro Majestät, die andre Souverainen nach sich selbst beurtheilen, niemals ihre Hauptstadt und Lande verlassen, und sich hieher in Sicherheit begeben haben, wann Dieselbe nicht gefürchtet hätten, daß man in einem offenbaren Kriege, eben so wenig sanft verfahren würde, als in denen vorhergegangenen Schriften geschehen ist.

Uebri-

Uebrigens erwiedern Ihro Majestät, die Höflichkeits-bezeugungen Ihro königl. preußis. Majestät mit aller nur möglichen Erkenntlichkeit, und werden, nach der Wiederholung dieser würdigen Gesinnung für die Sicherheit ihrer Hauptstadt, dahin zurück zu kehren, nicht ermangeln.

Der Herr engelländische Gesande wird demnach ersucht, den Innhalt dieses Memorials an Ihro königl. preußische Majestät gelangen zu lassen, inzwischen man, in Erwartung einer günstigen Antwort, alles zur Abfertigung eines Ministers veranstalten wird. Geben Prag, den 9. December 1745.

X.

Reponse de S. M. le Roi de Prusse à Mr. de Villiers. Du Quartier-General de Bautzen, le 11. Dec. 1745.

Monsieur.

Je ne puis assez me loüer de l'empressement & de l'activité que vous temoignés pour proposer des paroles de paix & d'accomodement au Roi de Pologne. Autant que j'ai lieu d'etre satisfait, Monsieur, de votre conduite, autant suis-je etonné que vous par vos soins infatigables, & moi avec tant de moderation, & les avantages de la fortune, nous ne puissions flechir l'esprit irreconciliable de la Cour de Dresde.

J'avoüe qu'il etoit difficile de prevoir qu'une Cour, qui se croit obigée d'abandonner sa Capitale, voulût prescrire des loix dures, dans le tems qu'on lui demande sincerement son Amitié, & la Paix. Il dépendra du Roi de Pologne de la faire toutes fois & quand il voudra. Je fais de mon côté les loix de la Guerre, & je vous repete ce que je vous ai dit dans ma Lettre precedente, que du jour de la signature du Traité par le Roi de Pologne, on fera cesser les hostilités, & les contributions ulterieures.

Si la fortune avoit favorisé les armes de mes Ennemis, je ne sais point si l'on se seroit contenté de faire contribuer mon Païs, & si l'on n'y auroit pas tout

tout mis à feu & à ſang, en me demandant le ſacrifice des Provinces entières. Apres cela, vous avoüerez que mon procedé eſt bien plus humain, & que ſi j'ai eu le bonheur de deranger les projets dangereux que les Cours de Vienne & de Dresde avoient formès contre moi, je n'uſe en tout que des droits de la Guerre, & comme c'en eſt l'uſage par toute l'Europe. S'il eſt vrai que le Roi de Pologne veut eviter la ruine de ſes Etats hereditaires, il me ſemble que le moyen, le plus ſûr pour la prevenir, eſt d'accepter la Paix, que j'offre ſi cordialement à ce Prince. Car ſans haine & ſans animoſité particulière, tout le monde conviendra que 80. mille hommes dans un Païs, comme la Saxe, ne peuvent pas manquer de le ruiner à la longue.

Mes mains ſont innocentes de tout le mal qui en arrivera, & j'en atteſte le Ciel, & les yeux de toute l' Europe, que ſi le Roi de Pologne perſiſte dans ſon irreconciliation, perſonne ne pourra trouver à redire que de mon côté je me porte aux plus grandes extremités. Pour l'amour de l'humanité, Monſieur; employez tous vos ſoins pour que deux Maiſons voiſines ne ſe dechirent point. Soyez l'organe de mes ſentimens, comme vous etes le depoſitaire de mes interets, & ſauvez la Saxe de ſes calamités preſentes, & du dernier des malheurs qui la menace. Je ſuis, &c.

P. S. *Le Comte de Podewils eſt ici depuis hier, il attendra encore pour voir s'il n'y aura pas moyen de porter le Miniſtere Saxon à des ſentimens plus equitables. Que le Roi de Pologne profite donc de mes diſpoſitions, & qu'il ne me pouſſe point a bout.*

Je vous enverrai demain mes remarques ſur le Memoire du Comte de Brühl, vous en ferez l'uſage que vous trouverez le plus convenable; & en cas que vous les croïez moins propres a radoucir les eſprits qu'a les aigrir, il dependra de vous de n'en point fair euſage á la Cour.

En

En attendant, je parts pour donner une nouvelle activité à mes operations, & pourvoir à mes propres sûretes, soit en ecrasant mes Ennemis, ou en les obligeant à faire une Paix raisonnable. Quoi qu'il puisse arriver, j'aurai toujours beaucoup de reconnoissance pour vos bons procedes ; & si je puis vous être utile à votre Cour, j'employerai chaudement tout mon credit pour vous prouver que vous n'avez pas servi un ingrat.

FREDERIC.

X.

Antwortsschreiben des Königs von Preussen Majestät, an den Herrn von Villiers. De Dato, Hauptquartier zu Bautzen, den 11. December 1745.

MONSIEUR,

Ich kan mich ihres geschäftigen Eifers, den sie bezeigen, dem Könige von Pohlen Vergleichs- und Friedens-worte vorzutragen, nicht genug rühmen. So sehr ich nun Ursach habe, Monsieur, mit ihrem Betragen zufrieden zu seyn, eben so sehr bin ich erstaunt, daß sie mit ihren unermüdeten Bemühungen, und ich mit so grosser Mäßigung und denen Vortheilen des Glücks, den unversöhnlichen Sinn des dreßdens. Hofes dennoch nicht erweichen können.

Ich muß gestehen: es war schwer vorher zu sehen, daß ein Hof, der sich genöthiget zu seyn glaubt, seine Hauptstadt zu verlassen, annoch harte Gesetze würde vorschreiben wollen, zu eben der Zeit, da man von demselben seine Freundschaft, und den Frieden aufrichtig verlangt. Inzwischen wird es noch bey dem Könige von Pohlen stehen, denselben zu haben, wann er will. Ich meines Orts, folge denen Gesetzen des Krieges, und wiederhole gegen sie, was ich ihnen bereits in meinem Vorigen gemeldet habe, nämlich; von dem Tage an, da der König von Pohlen den Tractat unterschreiben wird, sollen die Feindseligkeiten und ferneren Brandschatzungen aufhören.

Wäre das Glück denen Waffen meiner Feinde günstig gewesen, so weiß ich nicht, ob man sich mit blossen Brandschatzungen in meinen Landen begnügt, ob man nicht darinn

inn vielmehr alles in Feuer und Blut gesetzt, und die Aufopferung ganzer Provinzien von mir verlangt haben würde. Hierauf werden sie gestehen, daß mein Verfahren weit leutseliger sey, und ich, bey dem Glücke, so ich gehabt, die von denen Höfen zu Wien und Dreßden, wider mich gemachten gefährlichen Anschläge zu verrücken, mich überhaupt weiter nichts, als der Rechte des Krieges bediene, so wie es in ganz Europa im Gebrauch ist. Ist es wahr, daß der König von Pohlen den Ruin seiner Erblande verhüten will, so ist, dünkt mich, das sicherste Mittel, demselben vorzukommen, daß er den Frieden annehme, den ich diesem Fürsten so herzlich anbiethe. Denn ohne Haß, und ohne besonders aufgebracht zu seyn, so wird die ganze Welt zugestehen, daß achzig tausend Mann in einem Lande, als Sachsen ist, in die Länge der Zeit, dasselbe wol nicht anders als zu Grunde richten können.

Meine Hände sollen unschuldig seyn an allem Unheil, so daraus entstehen wird, und ich nehme den Himmel und ganz Europa zu Zeugen, daß, wann der König von Pohlen auf seiner Unversöhnlichkeit bestehen will, mir es kein Mensch werde verdenken können, wenn ich auch meiner Seits zu dem alleräusersten schreite. Um der Menschenliebe willen, Monsieur, wenden sie alle ihre Sorgfalt an, daß zwey benachbarte Häuser sich nicht aufreiben. Seyn sie das Werkzeug meiner Gesinnungen, so wie sie der Verwahrer meiner Angelegenheiten sind, und retten sie Sachsen aus seinem itzigen Elende, und von dem äusersten Unglücke, so demselben über dem Haupte schwebt. Ich bin rc.

P. S. Der Graf von Podewils befindet sich seit gestern allhier; noch wird er warten, um zu sehen, ob es nicht möglich seyn werde, das sächßische Ministerium, auf gerechtere und billigere Gedanken zu bringen. Der König von Pohlen mache sich also meine Neigungen zu Nutze, und treibe mich nicht auf das Aeuserste.

Ich werde ihnen Morgen meine Anmerkungen über das Memorial, des Grafens von Brühl zu schicken, davon sie einen Gebrauch machen können, wie sie es werden am schicklichsten finden, und im Fall sie davor halten, daß dadurch die Gemüther nur noch mehr aufgebracht, als besänftigt werden könten, so wird es bey ihnen stehen, davon bey Hofe überall keinen Gebrauch zu machen.

Inzwischen gehe ich von hier ab, um meinen Operationen einen Trieb zu geben, und entweder durch Aufreibung meiner Feinde, oder indem ich sie nöthige, einen billigen Frieden zu machen, auf meine eigene Sicherheit bedacht zu seyn. Es ereigne sich was da wolle so werde ich doch allezeit vor ihr gutes Betragen, viel Erkenntlichkeit haben; und kan ich ihnen etwa an ihrem Hofe nützlich seyn, so werde ich alles, was ich vermag, auf das eifrigste anwenden, um ihnen darzuthun, daß sie keinen Undankbaren gedienet haben.

Friedrich.

XI.

LETTRE de Mr. le Comte de PODEWILS, a Mr. de VILLIERS. De Bautzen le 12. Decembre 1745.

MONSIEUR.

J'ai l'honneur de vous communiquer, par ordre du Roi mon Maître, les Reflexions ci-jointes sur le Memoire que la Cour de Saxe vous a remis en date de Prague, du 9. de ce mois.

Je suis persuadé, Monsieur, qu'un Ministre, aussi eclairé & aussi bien intentionné que vous l'etes, en fera le meilleur usage du monde.

Il me semble que le prompt envoi d'un Ministre, muni des pleinspouvoirs suffisans de la Cour, où vous etes, pour la conclusion de la Paix, avanceroit de beaucoup un Ouvrage si salutaire, & rapprocheroit peut-etre les esprits.

Seroit il possible que l'on meconnût assez ses veritables interets en Saxe, pour pousser le Roi à bout par la demande extraordinaire de la cessation des hostilités & des contributions avant la signature du Traité de la Paix? S'eston jamais avisé de vouloir donner de cette façon-là les Loix au Vainqueur, & ne doit-on pas profiter en Saxe de la moderation du Roi de vouloir bien, malgré ses avantages, s'en tenir au simple retablissement de la Paix qu'on offre, & qu'on tient en main à la Cour où vous etes, en faisant cesser toutes les calamités & tous les inconveniens de la Guerre, du jour meme de la signature de la Paix?

Au

Au reste, Monsieur, il paroît qu'on veut surprendre votre religion, en vous faisant accroire, par des imputations mal fondées, que le Roi veut la ruine de la Saxe, dont les habitans ne sauroient assez reconnoître le bon ordre & l'exacte Discipline que Sa Maj. fait observer à ses Troupes dans tout le Païs qu'Elle occupe, à la honte des Alliés de la Saxe, qui l'ont ravagés par-tout où ils son venus. Vous sentirez bien qu'on s'y prend tout autrement, quand on veut ruiner un Païs. Mais les contributions & l'entretien de l'Armée sont une partie trop essentielle des loix de la Guerre, qu'on nous a forcé de faire, pour y pouvoir trouver à redire tant qu'elle subsiste, sur-tout quand on est le maître, comme on l'est en Saxe, de les voir finir d'un jour à l'autre.

Enfin redoublons nos soins pour jetter, par la Paix avec la Cour où vous etes, les fondemens de la tranquillité de l'Allemagne, & pour nous acquiter dignement l'un & l'autre de la tâche la plus glorieuse de notre Ministere, qui est de contribuer, autant qu'il depend de nous, au bonheur des Nations. Mon sejour en ce Païs ci ne sera pas long, je serois au desespoir si mon Voyage devenoit entierement infructueux, & si je devois me voir privé de la satisfaction de vous asûrer de bouche qu'on ne sauroits rien ajouter aux sentimens de consideration & d'estime avec lesquels j'ai l'honneur d'être, &c.

le Comte de PODEWILS.

XI.

Schreiben des Herrn Grafen von Podewils an dem Herrn von Villiers. De Dato Bautzen, den 12. Decembr. 1745.

Mein Herr,

Ich habe die Ehre Ihnen, auf Befehl des Königs meines Herrn hierbey liegende Anmerkungen über das von den sächßischen Hofe de dato Prag, den 9. dieses Ihnen zugestellte Memorial, zu überschicken.

Ich bin überzeugt, mein Herr, daß ein so erleuchteter und wohlgesinnter Minister, als Sie sind, davon den besten Gebrauch von der Welt machen werde.

Mich dünkt, daß die ungesäumte Absendung eines von dortigen Hofe zu Schliessung des Friedens hinlänglich bevollmächtigten Ministers, ein so heilsames Werk um ein vieles befördern und die Gemüther vielleicht näher zusammen bringen würde.

Sollte es wohl möglich seyn, daß man in Sachsen seinen wahren Nutzen so sehr verkennen sollte, um den König durch die unmäßige Forderung, daß die Feindseeligkeiten und Brandschatzungen vor Zeichnung der Friedenstractaten aufhören sollen, biß auf das äusserste zu bringen? Wo hat man es sich wol je einfallen lassen, auf dergleichen Art dem Ueberwinder Gesetze vorzuschreiben? Und sollte man nicht vielmehr in Sachsen sich die Mäßigung des Königs zu Nutze machen, da Jhro Majestät, ohngeachtet Deroselben Vortheile, sich, mit der blossen Wiederherstellung des Friedens, den man anbiethet, und den man an den dortigen Hofe in Händen hat, begnügen wollen, indem man durch die Unterzeichnung sothanen Friedens von dem Tage an, da dieselbe geschieht, dem Elende und Unheil des Krieges auf einmal ein Ende machen kan?

Es scheinet übrigens, mein Herr, als wenn man Dieselbe hintergehen wollte, daß sie denen ungegründeten Aufbürdungen Glauben beymessen sollen, als wenn der König Sachsen wolle zu Grunde richten, da doch die hiesigen Unterthanen die gute Ordnung und genaue Mannszucht, so Jhro Majestät Dero Truppen halten lassen, nicht gnugsam erkennen und rühmen können, zur Schande der Bundsgenossen von Sachsen, die dasselbe überall, wo sie hingekommen sind, verheert haben. Sie werden bey sich selbst wol erkennen, daß man es ganz anders angreiffe, wenn man ein Land ruiniren will. Brandschatzungen aber und die Versorgung der Armee machen ein gar zu wesentliches Stück der Gesetze des Krieges aus, als daß man darauf etwas zu sagen finde, so lange der Krieg währet, dazu

man

man uns gezwungen hat, zumal wenn man Herr ist, wie man es dann in Sachsen ist, davon von einem Tage zum andern das Ende zu sehen.

Endlich, mein Herr, lassen sie uns unsere Sorgfalt verdoppeln, um durch den Frieden mit dortigem Hofe den Grund zur Ruhe Deutschlandes zu legen, und also beyde der Ruhmvollesten Obliegenheit unsrer Ministerschaft würdiglich eine Genüge zu leisten, so darin besteht, daß wir, so viel an uns liegt, zu der Glückseeligkeit der Völker das unsrige beytragen. Ich werde mich eben nicht zu lange hier zu Lande aufhalten, und würde ich mich auf das äusserste betrüben, wann meine Hieherreise gänzlich fruchtloß seyn, u. ich mich des Vergnügens beraubet sehen sollte, sie mündlich zu versichern, daß nichts über die Empfindungen der Hochachtung gehet, mit welchen ich die Ehre habe zu seyn 2c.

Gr. von Podewils.

XII.

Reflexions sur le Memoire de la Cour de Dresde.

Si le Roi a continuè jusqu'ici de donner des preuves de sa moderation & de son desir sincère de parvenir au retablissement d'une Paix solide & d'une bonne union & harmonie avec la Cour de Dresde, par un Traitè dûement conclu, signè, & ratifie entre les deux Puissances belligerantes, ainsi que l'usage & la necessitè, aussi-bien que la sûretè reciproque des deux Cours l'exigent, Sa Maj. ne s'est point attendue qu'au-lieu d'envoyer ici un Ministre, chargé des pleins-pouvoirs suffisans pour achever d'autant plus promptement un Ouvrage si salutaire, & finir les calamitès d'une Guerre que la Cour de Dresde s'est attirce par sa propre faute, on voudroit les prolonger par la demande exorbitante & inusitée des restitutions & des redressemens preallables de tous les inconveniens qui sont les suites ordinaires & inseparables d'une Guerre à laquelle on a forcé le Roi par la conduite qu'on a tenue à Dresde à son egard, ainsi-qu'il est connu de toute l'Europe.

 On

On devroit ſavoir bon gré à la façon de penſer du Roi, & reconnoître, comme la marque la plus eclatante de ſa moderation & de ſes ſentimens pacifiques, que S. M. au-lieu d'inſiſter ſur une indemniſation pleine & entière de l'invaſion & des ravages faits par l'Armée combinée Autrichienne & Saxonne en Sileſie, par les contributions & les fourages qu'on y a extorqués aux habitans, & par la ruine des plus riches contrées de ce Duché, veut bien oublier tout le paſſé, & ne demande que la ſimple Paix & la sûreté de ſes Etats contre un Voiſin, qui, non content d'avoir envahi la Sileſie, etoit ſur le point d'en faire autant, avec les ſecours etrangers qu'il avoit appellés dans le cœur de ſes Païs, pour tomber ſur les anciens Etats hereditaires de Sa Maj. le fer & le feu à la main.

Si donc le Roi renonce genereuſement à la juſte demande contre la Saxe de toute indemniſation pour le paſſé, à plus forte raiſon celle-ci le doit-elle faire dans le cas preſent, où elle ne ſauroit ignorer que les loix de la Guerre autoriſent pleinement les inconveniens dont on ſe plaint.

Tout ce qu'on peut exiger avec juſtice & raiſon d'un Vainqueur en pareille occaſion, c'eſt de faire ceſſer les hoſtilités, les contributions & l'entretien de Troupes, du jour même de la concluſion & de la ſignature de la Paix.

Tel eſt l'uſage une fois etabli & conſtamment pratiqué entre tous les Souverains qui ſont en guerre, & dans tous les Traités de Paix qu'on conclut.

Vouloir s'en écarter & inſiſter opiniatrement ſur le contraire, c'eſt autant que de refuſer tout accommodement raiſonnable.

C'eſt la ſituation où les deux Cours ſe trouvent, & les offres du Roi ſur cet article juſtifient autant ſa conduite, que le refus de la Cour de Dresde d'y acquieſcer fait douter de ſa ſincerité pour un prompt accommodement. On a mauvaiſe grace à Dresde d'en vouloir appeller à l'Union des Electeurs, aux Pactes de de Famille qui subsistent entre les deux Maisons, & aux Loix de l'Empire. Ces barrières respectables auroient dû arreter & empecher la Cour de Saxe d'attaquer la première les Etats du Roi, & de leur preparer la ruine totale dont elle les a menacés assez publiquement. C'est pour le Roi, comme Partie lezée & attaquée, que ces engagemens & ces Loix parlent contre ses Ennemis & aggresseurs, qui, apres lui avoir fait tout le mal possible & manqué celui qu'ils lui avoient preparé, doivent reconnoître leur tort, & se trouver bien heureux qu'on veut se contenter de passer l'eponge sur tout le pasé, & donner les mains à une abolition reciproque de toute indemnisation. Cela se peut-il apeller pousser les choses à bout du côté du Roi, & en vouloir à la ruine totale d'un Païs, que Sa Maj. souhaite avec tant d'ardeur de prevenir par une prompte conclusion de la Paix & par la cessation totale de toute hostilité & contribution, du jour meme de la signature de la Paix?

A qui en sera la faute, si la Saxe continue de souffrir les calamités d'une Guerre defensive de la part du Roi, qui offre & qui presse de les finir par le simple retablissement de la Paix, sans exiger le moindre sacrifice, ou dedommagement? Qui sera cause de la prolongation des troubles? Est-ce celui qui insiste sur un prompt raccommodement pour les faire cesser, ou celui qui le fait accrocher à des conditions que l'usage de toutes les Guerres du monde n'admet point, & que les avantages du Roi rendent d'une nature à ne devoir pas meme etre proposées, si on a sincerement envie de se racommoder avec lui?

Au reste, si Sa Maj. le Roi de Pologne souhaite, comme le Memoire l'insinue, de se reconcilier sincerement, de concert avec la Cour de Vienne, avec le Roi, S. M. n'en sera jamais éloignée, & on se souviendra qu'on a laissé le choix à la Cour de Dresde de se raccommoder, conjointement, ou separement de celle de Vienne, avec le Roi, qui de son côté a apporté tant de facilites pour l'une & pour l'autre, qu'on peut hardiment défier toute l'Europe de pouvoir faire le moindre reproche à la sincerité de S. M. & a la pureté de ses sentimens la-dessus.

Enfin il faut esperer que la Cour de Dresde, faisant reflexion sur la situation presente de ses affaires, & sur la dure necessité où elle a reduit le Roi d'user de ses avantages pour se procurer toutes les suretés imaginables, ne voudra plus differer l'envoi d'un Ministre, autorisé pour conclure promptement une Paix si desirée & si necessaire au bien des Etats reciproques, sans accrocher davantage une œuvre si salutaire, à des demandes incompatibles avec les loix de la Guerre & l'usage pratiqué constamment en pareille occasion. Ce sera la pierre-de-touche de la sincerité de la Cour de Dresde, & si elle s'y refuse, on n'en sauroit inferer d'autres consequences, si non qu'elle veut amuser le Roi, lui faire perdre ses avantages présens, & gagner assez de tems pour executer les vastes projets qu'on avoit medités contre les Etats de Sa Maj. & que la Providence divine & les glorieux succès des armes du Roi ont jusqu'ici fait échoüer si heureusement.

XII.

Anmerkungen über das Memorial des sächsischen Hofes.

Da der König bisher seine Mäßigung und sein aufrichtiges Verlangen gnug gewiesen, vermittelst eines zwischen beyden kriegführenden Partheyen gehöriger Weise geschlossenen, gezeichneten und vollenzogenen Tractats (so wie es sowol der Gebrauch und die Nothwendigkeit, als auch die Sicherheit beyder Höfe erfordern) zur Wiederherstellung eines dauerhaften Friedens und eines guten Vernehmens der Einigkeit mit dem dreßdenschen Hofe zu gelangen; so haben sich Ihro Majestät wol nicht versehen, daß an statt der Absendung eines mit denen nöthigen Vollmachten versehenen Ministers, um ein so heilsames Werk desto ungesäumter zu Stande zu bringen, und das Elend eines Krieges zu endigen, den sich der dreßdensche Hof durch

durch seine eigene Schuld über den Halß gezogen, man dieß Kriegeselend durch die ganze unmäßige und ungewöhnliche Forderung noch würde verlängern wollen, daß nemlich Ihro Majestät erst vorgängig alle Beschwerungen heben und ersetzen sollten, die doch ganz gewöhnliche und unzertrennliche Folgen des Krieges sind, und zwar eines Krieges, dazu man den König, wie solches ganz Europa bekannt ist, durch das an dem dreßdenschen Hofe gegen ihn bezeigte Betragen genöthigt hat.

Man sollte es des Königs Art zu denken noch Dank wissen, und es als ein besonders ausnehmendes Merkmal seiner Mäßigung und friedliebenden Gesinnung erkennen, daß an statt auf eine völlige und gänzliche Ersetzung des bey dem Einfall der vereinigten österreichischen und sächßischen Armee in Schlesien, durch die von denen Einwohnern erpreßten Brandschatzungen und Lieferungen, mit Ruinirung der reichsten Gegenden sothanen Herzogthums, verursachten Schadens zu dringen, Ihro Majestät vielmehr alles vergangene gern vergessen wollen, und weiter nichts als den blossen Frieden und die Sicherheit Ihrer Staaten wider einen Nachbar verlangen, welcher mit dem gethanen Einfall in Schlesien noch nicht zu frieden, sondern in Begriff war, vermittelst fremder und des Endes in das Herz seines Landes gezogener Hülfe, mit Feuer und Schwerdt auch in Ihro Maj. alte Erbstaaten einzufallen.

Begiebt sich nun der König so großmüthiger Weise gegen Sachsen der gerechten Forderung aller Schadloßstellung vor das Vergangene, wie vielmehr soll nicht der dreßdensche Hof ein gleiches in gegenwärtigen Fall thun, dabey derselbe gar wol weiß, daß die Gesetze des Krieges das Ungemach, darüber man sich beschweret, völlig mit sich bringen und erlauben.

Alles, was man von einem Ueberwinder in dergleichen Gelegenheit mit Recht und Grunde fordern kan, ist, daß derselbe von dem Tage an, da der Friede geschlossen und gezeichnet wird, die Feindseeligkeiten, die Brandschatzungen und den Unterhalt der Truppen aufhören lasse.

Das ist einmal so der hergebrachte und beständig beobachtete Gebrauch zwischen allen kriegführenden Mächten, und in allen Friedenstractaten, so man schliesset.

Hievon abgehen und auf dem Gegentheile eingensinnig bestehen wollen, ist eben so viel, als allen billigen Vergleich verweigern.

In dieser Beschaffenheit von Umständen befinden sich nun beyde Höfe, wobey die Anerbietungen des Königs sein Betragen eben so sehr rechtfertigen, als die Weigerung des dresdenschen Hofes damit zu frieden zu seyn, desselben Aufrichtigkeit in Ansehung eines ungesäumten Vergleichs, in Zweifel setzt. Es steht gedachtem Hofe gar übel an, daß er sich auf das Verein der Churfürsten, auf die zwischen beyden Häusern errichtete Familienverträge und die Reichsgesetze berufen will. Diese Achtungswürdigen Sicherheitsschranken hätten eben den sächsischen Hof abhalten und verhindern sollen, des Königs Staaten zuerst anzugreiffen, und denselben den gänzlichen Untergang zuzubereiten, womit er solche öffentlich gnug bedrohet hat. Für den König, als beleidigten und angegriffenen Theil, ist es, daß diese Verbindungen und Gesetze wider seine Feinde und Angreiffer das Wort reden, und diese, nachdem sie ihm allen nur möglichen Schaden zugefüget, und dessen noch mehr zubereitet hatten, so ihnen aber mißlungen ist, diese eigentlich müssen ihr Unrecht erkennen, und sich dabey noch glücklich schätzen, daß man sich will begnügen lassen, alles vergangene in das Buch der Vergessenheit zu schreiben, und zu einer beyderseitigen Niederschlagung aller Schadloßstellung die Hände zu bieten. Kan dieß wol heissen, die Sachen auf Seiten des Königs auf das äusserste treiben, und den gänzlichen Ruin eines Landes suchen, dem doch Ihro Majestät durch einen schleunigen Friedensschluß und die völlige Aufhörung aller Feindseligkeit und Brandschatzung von dem Tage der Zeichnung des Friedens an, mit so vielen Eifer vorzukommen wünschen?

Wem wird die Schuld beyzumessen seyn, wann Sachsen das Elend eines von Seiten des Königs geführten Vertheidigungskrieges noch ferner fühlen muß, da Ihro Majestät anbie-

anbieten und darauf dringen, sothanem Elende durch die blosse Wiederherstellung des Friedens ein Ende zu machen, und ohne davor das geringste Opfer oder Schadloßstellung zu fordern? Wer wird nun an der Verlängerung der Unruhe schuld seyn? Derjenige, der um selbiger ein Ende zu machen, auf einen ungesäumten Vergleich dringt, oder derjenige, der solchen durch Bedingungen aufhält, die nach dem Gebrauche aller Kriege in der Welt nicht zuläßig sind, und welche durch die Vortheile des Königs so beschaffen werden, daß man sie nicht einmal antragen sollte, wenn man sich mit Ihro Majestät zu vergleichen, ein aufrichtiges Verlangen trägt.

Uebrigens; wünschen des Königs von Pohlen Majestät, Sich, in Vereinigung mit dem wienerischen Hofe, mit dem Könige aufrichtig auszusöhnen, so werden Sich Ihro Majestät dessen niemals weigern, und man wird es nicht vergessen, daß man dem dreßdenschen Hofe die Wahl gelassen, sich mit oder ohne dem wienerischen Hof mit dem Könige zu vergleichen, welcher seiner Seits es dem einem u. dem andern so leicht gemacht hat, daß man kühnlich ganz Europa auffordern kan, ob an Ihro Majestät Aufrichtigkeit und der Reinigkeit ihrer Gesinnungen das geringste auszusetzen sey.

Endlich; man muß hoffen, daß der dreßdensche Hof in Betrachtung der gegenwärtigen Beschaffenheit seiner Umstände, und insonderheit in Erwegung der harten Nothwendigkeit, worinn derselbe den König gesetzt hat, sich durch den Gebrauch seiner Vortheile alle nur ersinnliche Sicherheit zu verschaffen, nun auch die Abschickung eines bevollmächtigten Ministers nicht länger aufschieben werde, damit der so gewünschte, zum Wohl beiderseitiger Staaten so nöthige Friede baldigst möge geschlossen, und ein so heilsames Werk nicht länger durch Forderungen aufgehalten werden, die beydes mit dem Gesetzen des Krieges und mit dem in dergleichen Fällen durchgehends beobachteten Gebrauche nicht bestehen können. Es wird dieß der Probierstein von der Aufrichtigkeit des dreßdenschen Hofes seyn; und weigert derselbe sich dessen, so wird man daraus wol

keine

keine andre Folgen ziehen können, als daß er den König nur herum führen, ihm seine gegenwärtigen Vortheile aus den Händen spielen, und Zeit gnug gewinnen wolle, die weitläuftig-grossen Anschläge, so man auf Jhro Maj. Staaten ausgesonnen gehabt, die aber die göttliche Vorsehung durch den ruhmwürdigsten Fortgang der Waffen des Königs so glücklich zernichtet hat, annoch auszuführen.

XIII.

Lettre de Mr. de Villiers a Sa Maj. le Roi de Prusse, De Prague, le 13. Decembre 1745.

Sire!

En conſequence des ordres de Votre Maj. du 11. du courant, j'ai de nouveau repreſentè ici ſes ſentiments pour la Paix & pour la Perſonne du Roi de Pologne, & je n'ai pas manquè non plus de faire voir la Reſolution où eſt V. Maj. de continuer les operations, juſqu'a ce que l'accommodement ſoit aſſûrè, & les malheurs qui en reſulteront à la Saxe, quoique menée ſans haine ou animoſité, & par des Troupes, dont la Diſcipline, auſſi-bien que la Bravoure, fait l'admiration de toute l'Europe. J'ai encore pris la libertè de me ſervir d'un Extrait de la Lettre de V. Maj. pour rendre avec preciſion & energie ce qu'Elle deſire pour le bien de l'Allemagne, & le Comte de Brübl vient de me dire de faire ſavoir a V. Maj. que le Roi ſon Maître a toujours l'eſprit ſincerement portè à ſe reconcilier avec V. Maj. & qu'il enverra Mr. de Saul ce ſoir à Dresde, pour inſtruire ſon Cabinet ſur les inſtructions a donner au Miniſtre qui ſera emploïe pour cette negociation, & qu'on l'expediera ſans perte de tems.

Le Roi de Pologne ſouhaite que j'aille avec lui; mon obeiſſance à ſes ordres ſera accompagnèe du plus grand empreſſement à faire ma Cour a V. Maj. Le Comte de Brübl croit que ledit Miniſtre pourra partir vers Samedi, ou Dimanche. En attendant, on reconnoît la neceſſitè de faire vivre les Troupes; mais on ſe flatte que celles de V. Maj. n'exigeront rien de plus.

Com-

Comme cette Reponse paroît un acheminement a l'objet principal de V. M. je la lui communique, sans attendre les remarques qu'Elle a eu la bonte de dire qu Elle m'enverroit sur le Memoire de cette Cour, du 9e du courant.

Ses expressions, pleines d'indulgence, m'enhardissent offrir à sa consideration, si ce ne seroit pas le moyen de perfectionner plûtôt cet Ouvrage, & de le rendre plus solide, que d'engager la Cour de Vienne à y entrer. Les discours que j'ai eus avec le Comte de Harrach, depuis que je suis ici, me donnent lieu d'esperer que l'on trouveroit de la facilité du côte de sa Maitresse, prête a vivre dans une parfaite amitié avec V. Maj., pourvû que l'on puisse obtenir, à ce qu'il dit, quelque adoucissement aux Articles de la Convention d'Hanover. L'approbation de V. Maj. augmenteroit, si cela se pouvoit, mon zele pour son service; c'est une recompense bien au-delà de mon merite. L'etude de mes jours sera de la conserver, & de montrer la parfaite devotion avec laquelle je suis.

SIRE,

De Votre Majeste

Le plus soumis & le plus fidèle Serviteur

THO. VILLIERS.

XIII.

Schreiben des Herrn von Villiers an Ihro Majestät den König von Preussen. De dato Prag, den 13. December 1745.

SIRE,

Zu folge Ew. Majestät Befehle vom 11ten dieses, habe ich hieselbst Dero Gesinnungen in Ansehung des Friedens und der Person des Königs von Pohlen von neuen vorgestellt. Ich habe auch nicht unterlassen, dabey zugleich beydes Ew. Majestät Entschliessung, die Operationen so lange fortzusetzen, bis der Vergleich völlig zur Richtigkeit gekommen, und das für Sachsen daraus entstehende Unglück vor Augen zu stellen, ohngeachtet dieser Krieg, ohne Haß oder Erbitterung, und durch Truppen geführt wird, deren Kriegeszucht sowol als Tapferkeit von ganz Europa bewundert wird. Ich hab mir auch noch die Freyheit genommen, mich aus Ew. Majestät Schreiben, eines Auszugs zu bedienen, um desto genauer und nachdrücklicher vorzubringen,

gen, was Ew. Majest. zu Deutschlandes Wohl verlangen. Und ietzo gleich wird mir durch den Grafen von Brühl gesagt, Ew. Majestät zu melden, daß der König sein Herr, beständig und aufrichtig geneigt sey, sich mit Ew. Majestät wieder auszusöhnen, und des Endes noch diesen Abend, den Herrn von Saul nach Dreßden abschicken werde, um dortiges Cabinet wegen der Verhaltungsbefehle für denjenigen Ministre zu unterrichten, der zu dieser Unterhandlung gebraucht werden soll, und daß man denselben ohne Zeitverlust abfertigen werde.

Der König von Pohlen verlangt, daß ich mit demselben zugleich abgehen solle. Die Befolgung dieses Befehls wird mit dem dringendesten Verlangen begleitet seyn, Ew. Majest. aufzuwarten. Der Graf von Brühl glaubt, daß besagter Minister gegen Sonnabend oder Sonntag werde abgehen können. Indessen erkennt man die Nothwendigkeit des Unterhalts der Truppen, dabey man sich aber schmeichelt, daß dieselben sonst weiter nichts fordern werden.

Da nun diese Antwort, den Weg zu dem Hauptvorwurf zu bahnen scheinet, den sich Ew. Majestät vorgesetzt haben, so melde ich selbige hiermit, ohne auf die Anmerkungen zu warten, welche, wie Ew. Majestät die Gnade gehabt zu sagen, mir über des Memorials des hiesigen Hofes, vom 9ten dieses sollen zugeschickt werden.

Ew. Majest. gnädigen und sanftmuthsvollen Ausdrücke bringen mich zu der Kühnheit, Dero Ueberlegung anheim zu stellen, ob es nicht ein Mittel seyn möchte, dieses Werk desto eher zu Stande zu bringen, und solches desto dauerhafter zu machen, wenn man zugleich den wienerischen Hof demselben beyzutreten vermöchte. Die Unterredungen so ich, seit meines Hieseyns, mit dem Grafen von Harrach gehabt habe, geben mir Anlaß zu hoffen, daß man dabey von Seiten seiner Souverainin eben keine Schwierigkeit finden würde, indem selbige geneigt sey, mit Ew. Majest. in vollkommener Freundschaft zu leben, wenn man nur, wie er sagt, einigen Nachlaß, in Ansehung der Artickel der hannöverischen Convention erlangen könte. Die Einwilligung Ew. Majestät hierüber würde, wann es möglich wäre, meinen Eifer für Dero Dienste vermehren; es ist dieß eine Vergeltung die sehr weit über meine wenigen Verdienste geht. Ich werde die Zeit meines Lebens mich befleißigen, solche nicht zu verliehren, und die volkommene Ehrfurchtsergebenheit zu zeigen, mit welcher ich bin

Ew. Majestät

allerunterthänigster und getreuester Diener
Tho. Villiers.

XIV.

XIV.

REPONSE de Sa Maj. le Roi de Prusse à Mr. de VILLIERS.
De Dresde, le 18. Decembre 1745.

MONSIEUR.

J'ai ete fort surpris de recevoir des propositions de Paix le jour d'une Bataille, & j'ai eté convaincu suffisamment du peu de sincerité des Ministres Saxons par le retour du Prince Charles de Lorraine en Saxe. La fortune, qui a seconde ma cause, m'a mis en etat de ressentir ces sortes de procedes bien vivement; mais bien loin de penser de cette façon-là, j'offre encore pour la derniere fois mon amitié au Roi de Pologne. Mes succès ne m'aveuglent point, & quoique j'aurois raison d'être enflé de ma situation, je suis toujours dans les sentimens de preferer la Paix a la Guerre, & j'attends que Mr. de Bülow & Mr. de Rex ayent leurs pleins-pouvoirs, pour que le Comte de Podewils, qui arrivera ce soir ou demain ici, puisse entrer d'abord en conference avec eux.

D'ailleurs, je ne puis pas vous cacher ma surprise de ce qu'un Ministre Anglois puisse me conseiller de me departir d'un Traité que j'ai fait avec le Roi son Maître, & que la Grande-Bretagne a garanti.

Vous me verrez plûtôt perir, moi & toute mon Armée, que ne me relâcher sur la moindre minutie de ce Traité. Si la Reine de Hongrie veut donc enfin faire une fois la Paix, je suis prêt de la signer, selon la Convention d'Hanover; & si Elle le refuse entierement, je me verrai en droit de hausser mes pretentions contre Elle.

Apportez-moi donc les dernières Resolutions du Roi de Pologne, & que je sache, s'il prefere la ruine totale de son Païs à sa conservation, les sentimens de la haine à ceux de l'amitié, & en un mot s'il aime mieux attiser l'embrasement funeste de cette Guerre, que de retablir la Paix avec ses Voisins & pacifier l'Allemagne. Je suis avec toute l'estime possible, &c.

FREDERIC.

XIV.

Antwortsschreiben Ihro Majestät des Königs von Preussen, an den Herrn von Villiers. De dato Dreßden, den 8. December 1745.

Monsieur,

Mich hat gar sehr gewundert, gerade an dem Tage einer Schlacht Friedensanträge zu erhalten, und ich bin, durch die Zurückkehr des Prinzen Karls von Lothringen nach Sachsen, von der wenigen Aufrichtigkeit der sächsischen Minister zur Gnüge überzeugt worden. Das Glück, welches auf meiner Seite gewesen, hat mich in Stand gesetzt, dergleichen Verfahren gar empfindlich zu ahnden; allein, ich bin so weit entfernt, auf diese Art zu denken, daß ich vielmehr dem Könige von Pohlen meine Freundschaft noch zum letztenmale anbiete. Mein Glück verblendet mich gar nicht, und ohngeachtet ich mich meiner Umstände erheben könte, so bin ich dennoch allezeit gesinnt, den Frieden dem Kriege vorzuziehen, und ich erwarte, daß die Herrn von Bülow und von Rex ihre Vollmachten bekommen, damit der Graf von Podewils, der noch diesen Abend oder Morgen allhier anlangen wird, sich sogleich mit Ihnen zusammen thun könne.

Uebrigens kan ich ihnen meine Verwundrungen nicht verhelen, daß ein engelländischer Minister mir anrathen möge, von einem Tractat abzugehen, den ich mit dem Könige seinen Herrn errichtet habe, und den Großbritannien garantiret hat.

Eher werden sie mich und meine ganze Armee zu Grunde gehen sehen, als zu erleben, daß ich in der geringsten Kleinigkeit von diesem Tractate etwas nachlasse. Will also die Königin von Ungarn einen Frieden machen, so bin ich bereit, solchen nach Maaßgebung der hannöverischen Convention zu unterzeichnen; weigert sie sich dessen aber gänzlich, so werde ich mich berechtiget sehen, meine Forderungen an sie höher zu treiben.

Bringen sie Mir also die letzten Entschliessungen des Königs von Pohlen, damit ich wisse, ob er den gänzlichen Ruin seines Landes der Erhaltung desselben, und Gesinnungen des Hasses, denen Gesinnungen der Freundschaft vorziehe, mit einem Worte, ob er lieber diesen schädlichen Kriegesbrand noch mehr anschüren, oder mit seinen Nachbarn den Frieden herstellen, und Deutschland zur Ruhe verhelfen wolle. Ich bin mit aller nur möglichen Achtung 2c.

Friedrich.

E N D E.

www.ingramcontent.com/pod-product-compliance
Ingram Content Group UK Ltd.
Pitfield, Milton Keynes, MK11 3LW, UK
UKHW022132260726
13993UKWH00003B/1382

9 782329 262444